AVALIAÇÃO DA APRENDIZAGEM

FUNDAMENTOS E PRÁTICAS

Freitas Bastos

INGE RENATE FRÖSE SUHR

AVALIAÇÃO DA APRENDIZAGEM

FUNDAMENTOS E PRÁTICAS

Freitas Bastos Editora

Copyright © 2022 by Inge Renate Fröse Suhr

Todos os direitos reservados e protegidos pela Lei 9.610, de 19.2.1998.
É proibida a reprodução total ou parcial, por quaisquer meios, bem como a produção de apostilas, sem autorização prévia, por escrito, da Editora.
Direitos exclusivos da edição e distribuição em língua portuguesa:

Maria Augusta Delgado Livraria, Distribuidora e Editora

Editor: Isaac D. Abulafia
Diagramação e Capa: Madalena Araújo

**Dados Internacionais de Catalogação na Publicação (CIP)
de acordo com ISBD**

S947a	Suhr, Inge Renate Frose
	Avaliação da Aprendizagem: Fundamentos e Práticas / Inge Renate Frose Suhr. - Rio de Janeiro, RJ : Freitas Bastos, 2022.
	172 p. : 15,5cm x 23cm.
	ISBN: 978-65-5675-213-6
	1. Educação. 2. Avaliação. 3. Aprendizagem. I. Título.
2022-2830	CDD 370 CDU 37

Elaborado por Vagner Rodolfo da Silva - CRB-8/9410

Índice para catálogo sistemático:
1. Educação 370
2. Educação 37

Freitas Bastos Editora
atendimento@freitasbastos.com
www.freitasbastos.com

SUMÁRIO

9 PALAVRAS INICIAIS

13 **CAPÍTULO 1**
AVALIAÇÃO: DA VIDA PARA A ESCOLA

19 **CAPÍTULO 2**
APONTAMENTOS SOBRE A HISTÓRIA DA AVALIAÇÃO ESCOLAR

27 **CAPÍTULO 3**
CONCEPÇÕES PEDAGÓGICAS E AVALIAÇÃO

3.1. A ESCOLA TRADICIONAL E A AVALIAÇÃO 27

3.2. A AVALIAÇÃO SEGUNDO A PEDAGOGIA DA ESCOLA NOVA 29

3.3. AVALIAÇÃO SEGUNDO A PEDAGOGIA TECNICISTA 33

3.4. AVALIAÇÃO SEGUNDO A PEDAGOGIA LIBERTADORA 35

3.5. AVALIAÇÃO SEGUNDO A PEDAGOGIA HISTÓRICO-CRÍTICA 41

3.6. CONCEPÇÕES QUE ORIENTAM A AVALIAÇÃO NA ATUALIDADE: AVANÇO OU RETROCESSO? 45

53 CAPÍTULO 4
EM DEFESA DE UMA AVALIAÇÃO PROCESSUAL E DIAGNÓSTICA

    4.1. AVALIAÇÃO COMO COMPONENTE DO ATO PEDAGÓGICO 61

67 CAPÍTULO 5
CARACTERÍSTICAS DA AVALIAÇÃO NOS DIVERSOS NÍVEIS DA EDUCAÇÃO BÁSICA SEGUNDO A LEGISLAÇÃO VIGENTE

75 CAPÍTULO 6
CRITÉRIOS DE AVALIAÇÃO: UMA CONSTRUÇÃO NECESSÁRIA

89 CAPÍTULO 7
ESTRATÉGIAS E INSTRUMENTOS DE AVALIAÇÃO: ELABORAÇÃO E USO

    7.1. OBSERVAÇÃO 95
    7.2. PORTFÓLIO 97
    7.3. TRABALHOS EM GRUPO 99
    7.4. PRODUÇÃO ESCRITA 102
    7.5. EXPOSIÇÃO ORAL 103
    7.6. AUTOAVALIAÇÃO 105
    7.7. SEMINÁRIO 106
    7.8. PESQUISA 108
    7.9. OUTRAS POSSIBILIDADES 114

117 CAPÍTULO 8
AS PROVAS: UMA QUESTÃO À PARTE

8.1. AS QUESTÕES DISSERTATIVAS 125

8.2. AS QUESTÕES OBJETIVAS 133

147 CAPÍTULO 9
O PAPEL DO CONSELHO DE CLASSE NA AVALIAÇÃO EMANCIPATÓRIA

155 CAPÍTULO 10
A QUESTÃO DO ERRO E A RECUPERAÇÃO DE ESTUDOS

163 CAPÍTULO 11
CONSIDERAÇÕES FINAIS

167 REFERÊNCIAS

PALAVRAS INICIAIS

Um dos elementos da prática pedagógica que mais provoca insatisfação entre professores, alunos e pais é a avaliação. Não são poucos os alunos que tremem ante as provas ou que só conseguem ter noção de seu desempenho escolar mediante as notas. Já os pais "enxergam" a aprendizagem de seus filhos prioritariamente por meio dos boletins escolares e tais resultados tendem a gerar duas situações opostas: ou a alegria de ter um filho que "vai bem na escola" e, portanto, segundo o imaginário popular, terá mais facilidades na vida futura, ou o sofrimento, a quase vergonha quando as notas registradas no boletim não são altas. As consequências disso? Pressão sobre a criança, marcação de aulas particulares, consultas a diversos profissionais, desentendimentos com a escola...

Dentre os professores, há quem defenda sua eliminação como prática escolar, seja por considerá-la classificatória e injusta para com os alunos ou pela enorme carga de burocracia que traz para o dia a dia dos trabalhadores da educação. Mas, também não são poucos os professores que a consideram essencial e necessária para acompanhar os avanços e dificuldades de cada estudante. Há também entre os professores, compreensões bastante diversas do que venha a ser avaliação.

Além dos três grupos de sujeitos que citamos acima (alunos, famílias e professores), as instâncias reguladoras da educação, tais como o Ministério da Educação (MEC) e muitas secretarias estaduais e municipais de educação, vêm realizando testes periódicos, afirmando sua necessidade para conhecer e manter a qualidade da educação. Os resultados das escolas e municípios são largamente divulgados pela mídia, são organizados rankings classificados os melhores e piores que muitas vezes definem as verbas a serem recebidas.

Como você já deve ter percebido o tema deste livro, a avaliação da aprendizagem, não move apenas os profissionais e os pesquisadores da educação, mas, de certo modo, a sociedade como um todo. Mas, se entrevistarmos nossos familiares, vizinhos, ou mesmo profissionais respeitados em várias áreas do conhecimento, será que eles compreendem a avaliação da aprendizagem da mesma forma? Aliás, será que já pensaram sobre isso ou apenas aceitam como "natural" o modo como a avaliação é apresentada e realizada?

Podemos até entender que pessoas leigas em educação não tenham conhecimentos mais aprofundados sobre o tema, assim como os educadores não precisam compreender os elementos de uma cirurgia ou de um processo jurídico para além do senso comum. Mas, assim como o cirurgião ou o advogado precisam compreender os fundamentos e a prática de cada uma das etapas de sua profissão, é imprescindível que nós que somos (ou seremos) profissionais da educação, tenhamos conhecimentos aprofundados, balizados pelas ciências que orientam a educação, para que possamos desempenhar nosso papel social com qualidade e competência.

Esse é o objetivo deste livro: apresentar aos professores e futuros professores, uma visão panorâmica sobre a avaliação da aprendizagem, seus fundamentos e práticas.

Escrito numa linguagem clara e dialógica, porém sem abrir mão dos referenciais mais renomados sobre o tema, apresenta alguns elementos da história da educação que ajudam a elucidar o tema, bem como demonstra a relação entre concepção de sociedade, educação e avaliação. A seguir, convida o leitor a compreender a diferença entre avaliação e medida e defende a avaliação como processo que deve contribuir para a emancipação dos sujeitos. Defende que a avaliação é um componente essencial da ação pedagógica, estando relacionada ao planejamento e aponta a importância do estabelecimento de critérios de avaliação. Em seguida, o leitor é convidado a conhecer alguns instrumentos de avaliação e refletir sobre especificidades da sua elaboração e uso. Também é abordada a questão do erro, da recuperação de estudos e do conselho e classe numa avaliação emancipatória. Finalmente, serão abordados os principais aspectos legais que regem o processo avaliativo em nosso país.

Desejamos a todos, boa leitura!

CAPÍTULO 1
AVALIAÇÃO: DA VIDA PARA A ESCOLA

Avaliar é uma ação humana que ocorre o tempo todo, em todos os âmbitos da vida. Não há um único dia em que não avaliemos algo. Vamos a alguns exemplos:

> **Exemplo 1: comprando um imóvel**
>
> Imagine a seguinte situação: João e Maria vão se casar e pretendem adquirir um imóvel para essa nova etapa de suas vidas. Eles acessam os sites de várias imobiliárias para terem uma visão geral do mercado, gostaram de vários imóveis, mas descobrem que a "casa dos sonhos" precisa se adaptar a alguns pontos, principalmente o preço.
> - Para poderem selecionar os imóveis que irão, tiveram uma boa conversa e chegaram a alguns critérios que ajudarão a definir o imóvel a ser comprado;
> - Preferem apartamento já pronto, mas pode ser "na planta", desde que fique pronto até a data X, quando será o casamento;
> - Dever custar, no máximo, R$ 500.000,00;
> - O comprador deve aceitar financiamento bancário;
> - O valor da entrada não pode superar os R$ 100.000,00;
> - Deve ser um apartamento, pois ambos passam o dia fora e consideram mais seguro;
> - Deve ter dois quartos (podem ser três desde que caiba no orçamento);
> - Preferencialmente o prédio deve ter elevador;
> - O condomínio não deve superar os R$ 300,00 por mês;

> - O prédio deve estar localizado numa região próxima do trabalho de um deles (eles trabalham em lugares distantes um do outro) ou, pelo menos, perto do terminal de ônibus;
> - O prédio deve aceitar animais, pois o gato da Maria vai vir morar com eles.
>
> Com esses critérios em mãos os noivos voltam aos sites e analisam as opções. Definem alguns apartamentos para visitar. Como João é muito organizado, elaborou uma planilha com todos os elementos acima e foi marcando com + e – o que observaram em cada um. João não se esqueceu de anotar ao lado, aspectos que não estavam na lista, mas que poderiam ser um diferencial de cada imóvel.

Você conseguiu observar como no exemplo acima a avaliação está presente? Cada imóvel foi avaliado a partir dos critérios que Maria e João elencaram como sendo importantes. Quem já viveu uma situação semelhante a esta, sabe como é importante ter clareza do que queremos para não sermos levados por aspectos apenas de aparência ou porque nos apaixonamos por um imóvel. Uma decisão tomada apenas por paixão ou deixando de levar em conta o que é essencial pode trazer sérios problemas futuros, não é mesmo?

Vamos agora, a um exemplo mais corriqueiro.

> **Exemplo 2: por qual caminho eu vou?**
>
> Quem mora numa grande cidade sabe o quanto o trânsito pode ser um problema quando temos horário marcado para chegar a algum lugar. Vamos então imaginar que precisamos ir de carro, da nossa casa para uma consulta médica em outro bairro ou no centro da cidade e que não existem os aplicativos que nos ensinam o caminho mais rápido.

> Se conhecermos o trajeto e tivermos noção de como o trânsito se comporta no horário próximo à nossa consulta, avaliaremos as possibilidades. Provavelmente, com base em nossas vivências anteriores, analisaremos com quanto tempo de antecedência precisamos sair de casa e qual o melhor caminho para evitar os congestionamentos. Talvez, se o consultório for no centro, podemos avaliar se não é melhor ir de transporte coletivo, pois é preciso deixar o carro num estacionamento pago. E, nas cidades que contam com metrô, muitas vezes ele é até mais rápido. Mas, avaliaremos se não é horário de pico, deixando os vagões lotados.
> Se decidirmos ir de carro e no meio do trajeto houver um acidente, avaliaremos se é melhor esperar o congestionamento imprevisto se desfazer ou se procuraremos uma rota alternativa.

No exemplo 2, nossas decisões são tomadas com base na avaliação que fazemos antes e durante o processo de locomoção, embora nunca nos ocorra dar uma nota ao nosso desempenho (chegar ao consultório médico na hora certa).

Por fim, mais um exemplo:

> **Exemplo 3: Cumprimento ou não?**
>
> Imagine que você está andando na rua e enxerga, do outro lado, uma pessoa que lhe parece conhecida. Você passa os olhos pela roupa, jeito de andar, características físicas em geral (avalia esses itens em relação à memória que tem da pessoa conhecida) e chega à conclusão que é sim, quem você pensava: uma colega de um emprego anterior, que você não vê há uns dois anos.
> Agora, você pensa: será que atravesso a rua e vou cumprimentar, ou será que passo bem rapidinho, olhando para o outro lado, para evitar esse encontro?
> Em questão de segundos seu cérebro avalia a situação: Que lembranças tenho dessa pessoa? Era uma boa colega de trabalho? Eu gostava de conversar com ela? Aprendi com ela? Ela me apoiou quando precisei?

> Mais rápido ainda, seu cérebro processa essas informações (avaliação que você fez da pessoa) e você decide se vai ou não cumprimentá-la.

O sabor de um alimento, a qualidade de um móvel ou de um filme, percebeu como estamos o tempo todo avaliando?

Kenski nos lembra que a todo momento as pessoas são obrigadas a tomar decisões que, na maioria das vezes, são definidas a partir de julgamentos provisórios.

> O ato de avaliar na vida cotidiana se dá, permanentemente, pela unidade imediata de pensamento e ação. Nesta unidade a pessoa precisa estar sempre pronta para identificar o que é para si o "verdadeiro", o correto", opções que vão lhe indicar o melhor caminho a seguir, o que fazer. Muitas vezes essa escolha não corresponde a um conhecimento aprofundado, real, daquilo a que se refere a opção. (KENSKI, 1988, p. 131)

A mesma autora afirma que

> Ao fazer um juízo visando uma tomada de decisão, o homem coloca em funcionamento os seus sentidos, sua capacidade intelectual, suas habilidades, sentimentos, paixões, ideias e ideologias. Nessas relações estão implícitos não só os aspectos pessoais dos indivíduos, mas também aqueles adquiridos em suas relações sociais. (KENSKI, 1988, p. 132)

A citação acima nos alerta que a avaliação sempre visa uma tomada de decisão, e que, além de critérios objetivos, no nosso dia a dia ela se nutre de muita subjetividade. Exemplificando o pensamento da autora com base em nosso primeiro exemplo, é fácil imaginar que apesar de todos os critérios elencados para selecionar o apartamento, seja algum elemento subjetivo que vai ditar a decisão final. Talvez Maria fique encantada com a vista que tem da janela de um dos apartamentos visitados, ou que a simpatia do corretor de imóveis faça a diferença e alguns dos aspectos objetivos sejam deixados de lado.

A subjetividade é impossível de eliminar, mas na atuação profissional deve ter pouco espaço em relação aos aspectos mais objetivos. Pense comigo: por mais que um médico fique incomodado ao saber que seu paciente é um bandido (subjetivo), ele precisa avaliar a condição de saúde e tomar a decisão em relação a como agir deixando isso de lado, lembrando que se trata de um ser humano e que ele, médico, fez o juramento de Hipócrates.

A esta altura você pode estar se perguntando por que a avaliação escolar gera tanta polêmica, tantas discussões, dúvidas se ela está presente em todos os momentos de nossa vida?

Vamos pensar sobre isso acompanhando o modo com a avaliação foi se constituindo no espaço escolar a partir de diversas concepções de sociedade, pessoa humana e educação.

CAPÍTULO 2
APONTAMENTOS SOBRE A HISTÓRIA DA AVALIAÇÃO ESCOLAR

Neste capítulo vamos direcionar nosso olhar para o modo como foi se constituindo a avaliação da aprendizagem no decorrer dos tempos. Porém, não é nosso objetivo esgotar o tema e sim, demonstrar como a concepção de avaliação está intimamente relacionada com a de educação e esta, com a de sociedade.

Vamos lá?

Nas sociedades tribais havia educação, mas não formal, ou seja, não havia escolas, currículo, ou mesmo notas. Os mais jovens aprendiam com os mais experientes e o critério de avaliação da aprendizagem era a execução adequada do que foi aprendido em situações práticas. Jamais ocorreria a uma mulher desses povos tradicionais, aplicar uma prova, solicitar uma apresentação de trabalho ou algo semelhante às jovens que estavam aprendendo a plantar, moldar o barro ou tecer redes. Assim, as pessoas aprendiam "na vida" e a própria vida mostrava se a aprendizagem havia ocorrido ou não.

Com a complexificação das sociedades humanas foi ficando cada vez mais necessário organizar processos formais de educação. Mas, a educação formal (organizada, planejada, com profissionais específicos para tal fim) durante muito tempo foi para poucos, aqueles que faziam parte da elite. Assim, os filhos dos reis ou de pessoas influentes na sociedade é que tinham acesso, enquanto a grande maioria da população continuava aprendendo "na vida".

Interessante citar que mesmo entre a elite, a educação formal era destinada aos homens, devendo as mulheres aprenderem o básico em relação ao papel que delas se esperava.

Você já deve ter ouvido falar de Sócrates e Aristóteles, famosos filósofos gregos da antiguidade. Sócrates (470-399 a.C.) caminhava por Atenas, principalmente pela Ágora (praça central), com seus discípulos e os levava a refletir sobre a vida, as questões humanas, seus valores, verdades e fundamentos. Mas, quem eram esses discípulos? Jovens, do sexo masculino, que podiam viver no ócio (não precisavam trabalhar devido à sua condição financeira).

Embora as ideias e o método socrático sejam referências até hoje, elas foram gestadas e ensinadas aos mais jovens numa sociedade desigual, na qual a escravidão era considerada como algo normal, pois a concepção de sociedade da época era a de que as pessoas nasciam predestinadas a determinada posição na sociedade.

Outro filósofo conhecido é Aristóteles (384-322 a.C.), que estudou na academia de outro filósofo de grande relevância: Platão. Chegou a ser professora nesta academia, mas com o tempo afastou-se das ideias de seu mestre. Aristóteles foi o preceptor de Alexandre o Grande, da Macedônia, e fundou o Liceu, onde ensinava aos jovens da elite macedônia e grega.

Embora Platão tenha "bebido" no pensamento de Sócrates e Aristóteles tivesse sido aluno de Platão, cada um desses filósofos tinha um pensamento singular (por isso são lembrados até hoje), assim como um método só seu de transmitir esse pensamento aos discípulos. É fácil concluir que o modo de avaliar o progresso de cada discípulo também fosse diferente.

É pertinente lembrar que além de Atenas, outra cidade grega foi muito importante: Esparta. Enquanto Atenas tinha como ideal de educação o desenvolvimento físico e intelectual dos jovens, Esparta defendia a formação, desde a mais tenra idade, de soldados fortes, valentes e corajosos.

Os meninos espartanos, desde que fossem fisicamente saudáveis, ficavam com a família até os 7 anos, após o que aprendiam sobre as principais tradições de seu povo. Entre os 12 e os 17 anos cumpriam um rigoroso treinamento militar, no decorrer do qual havia muitos testes e provas (físicas) e ao final deste período eram submetidos a um rigoroso teste, a kriptia.

Talvez você já tenha percebido que a forma de avaliar em Atenas e Esparta, assim como o conteúdo da educação, eram bem diferentes. Em Atenas, seguindo o ideal da Paideia[1], cada filósofo acompanhava o progresso de seus discípulos no contato direto com eles, já em Esparta, eram aplicados rigorosos testes que classificavam os aprendizes segundo as expectativas prefixadas de como seria um bom soldado. Estão presentes, de modo embrionário, duas concepções de avaliação da aprendizagem que repercutem até hoje: a de diagnóstico e a de medida.

A visão de sociedade como algo dado segundo desígnios divinos e, portanto, imutável, acompanhou a humanidade por muito tempo (e ainda há quem pense assim). Durante o feudalismo[2], a justificativa para todas as coisas e acontecimentos era a vontade de Deus. Embora tenham sido criadas universidades neste período, na Idade Média toda e qualquer ideia que desafiasse a ordem social estabelecida era considerada indesejável ou mesmo manifestação do mal. De todo modo, continuava a desigualdade

---

1   Paideia significava, inicialmente, educação dos meninos, mas com o tempo passou a significar educação completa, formação do cidadão, formação integral.
2   Estamos seguindo a história da Europa e não de outros continentes porque foi ela a grande influenciadora da visão de mundo nas colônias, tais como o Brasil. Obviamente há influências africanas e dos povos tradicionais em nosso modo de vida, mas grande parte dos conhecimentos gerados por esses povos foi calada pela colonização portuguesa.

no acesso à educação, de modo que os soldados, camponeses e mulheres praticamente não recebiam educação.

Muita coisa mudou no mundo europeu com o declínio do feudalismo e o surgimento do capitalismo. Até a fase que se convencionou denominar Idade Moderna, o modo de produzir os bens materiais necessários para a vida em sociedade era artesanal e para o consumo. Embora houvesse feiras para troca e venda de produtos, até a revolução industrial, basicamente as pessoas produziam o que necessitavam e apenas na quantidade necessária.

Huberman (1986, p. 17) relata que "... praticamente toda a alimentação e o vestuário de que o povo necessitava eram obtidos no feudo", sem muita utilização de dinheiro. Cada feudo medieval era praticamente autossuficiente, a carne, o pão, as roupas, bem como as ferramentas necessárias para o cultivo da terra, eram produzidas localmente. Havia artesãos especializados em alguns trabalhos que não eram de domínio de todos, como ferreiros, sapateiros, tecelões... Mas cada um desses profissionais tinha sua pequena oficina e produziam a partir de encomendas.

Assim, se Francis precisasse de um sapato novo porque o seu furou na lida com o campo, iria ao sapateiro e faria a encomenda. A partir desse momento o sapateiro mediria o tamanho do pé e combinaria o modelo de calçado que Francis precisava, providenciaria o couro e o cortaria, faria a sola, costuraria as peças, enfim, faria todo o processo, do início ao fim. Quando o calçado estivesse pronto, Francis seria avisado e o buscaria. O sapateiro não pensava em produzir estoque de sapatos, pois poderia não haver encomendas nos tamanhos e modelos que produziu. O preço também era calculado de modo bem diferente do que fazemos hoje, a intenção não era o lucro, mas sim, o pagamento da matéria prima e das horas de trabalho do sapateiro.

Com o tempo os artesãos se reuniram em corporações, surgiram máquinas que facilitaram e aceleraram o trabalho dos artesãos e o comércio, antes muito reduzido, foi crescendo. Um fator que contribuiu para isso foram as Cruzadas, pois além de vitórias nas batalhas os cruzados trouxeram artigos do Oriente Médio que eram desconhecidos e passaram a ser muito desejados na Europa. Consequentemente, o uso do dinheiro também foi se fortalecendo, principalmente nas feiras que se constituíram fora dos feudos.

Ao mesmo tempo e de modo integrado às mudanças econômicas, a força da Igreja foi sendo cada vez mais questionada e muitos dos valores greco-romanos retomados. Buscava-se secularizar o saber, ou seja, "desvesti-lo da parcialidade religiosa, para torná-lo mais propriamente humano" (ARANHA, 1996, p. 87).

Os livros de história se referem a esta época como Renascimento, período em que a ciência passou a ser cada vez mais valorizada, as pessoas voltaram a apreciar e tentar compreender o que era relativo à vida terrena (em oposição à vida pós-morte).

Foi nesse caldo de renascer do pensamento empírico, da busca de compreensão das leis naturais que regulam o funcionamento do mundo, em que novas descobertas foram feitas pela ciência, que surgem as primeiras indústrias. Inaugura-se um momento histórico absolutamente diferente dos anteriores, que vai trazer mudanças não apenas na produção das mercadorias, mas na própria concepção de sociedade e educação. Mas não pense que foi um processo rápido ou fácil. Várias gerações se sucederam até que o novo modo de produção se consolidasse, pois era preciso desconstruir séculos de pensamento medieval. Isso se refere a vários aspectos, vamos citar apenas alguns:

a) Para que a produção industrial crescesse foi preciso que as pessoas desenvolvessem o desejo de ter coisas, ou seja, que passassem a acreditar que não bastava mais encomendar um sapato novo no sapateiro quando o seu estragasse e sim, desejar um sapato para trabalhar, um para ficar dentro de casa, um para ocasiões especiais...

b) Foi preciso educar as pessoas a pensarem como cidadãos[3] e não mais como súditos de um senhor feudal ou rei.

c) Era preciso que as pessoas se acostumassem a regular suas vidas pelo relógio e não mais pelo tempo da natureza, pois nas fábricas, haja sol ou chuva, o horário é sempre o mesmo.

d) As pessoas precisavam aprender a viver em cidades, pois as fábricas foram dando origem a estes agrupamentos humanos. Este ponto pode parecer estranho ao leitor, mas a falta de hábitos de higiene, por exemplo, causou várias epidemias nas cidades.

Não vamos nos estender nos exemplos, mas relacionar essas mudanças à educação e, consequentemente, à avaliação da aprendizagem. Tendo em vista os fatores acima citados, os governos da época perceberam que se a maioria das pessoas frequentasse a escola, esta seria um espaço perfeito para transmitir a nova forma de compreender o mundo.

Então, pela primeira vez na história, surgiu a proposta de educação para todos, independentemente da sua origem de classe ou nível socioeconômico. Em parte, essa defesa da educação para todos se devia ao fato que os burgueses (nova classe dominante do ponto de vista econômico) também não tiveram acesso a ela durante o período monárquico anterior. Segundo Suhr (2011, p. 83) a burguesia teve origem nos servos, que eram subordinados

---

3 Foi nesse período que ocorreram várias revoluções, como a famosa Revolução Francesa (1789) que derrubou a monarquia.

aos nobres, senhores feudais e "quando ela assumiu a luta em prol da educação de todos, estava, na verdade, defendendo seu próprio direito".

Foi assim que surgiram os sistemas nacionais de ensino, inspirados no ideal de que a educação é direito de todos e dever do Estado (Saviani, 1991). Eles tinham a intenção de, por meio da instrução, superar a ignorância e com isso, favorecer a construção de uma nova sociedade, que tem a democracia como ideal e se estrutura a partir do modo de produção capitalista.

Foram então criadas várias escolas, organizadas a partir da lógica de cada sistema nacional de ensino, ou seja, com regras, normas, seriação, currículo predefinido, e, consequentemente, se impunha a necessidade de avaliar os resultados. Essa é a origem da avaliação escolar como hoje a conhecemos.

CAPÍTULO 3
CONCEPÇÕES PEDAGÓGICAS E AVALIAÇÃO

Obviamente desde o surgimento da escola no decorrer do século XVIII até a atualidade as coisas foram mudando, de modo que a educação escolar tal como conhecemos é, e ao mesmo tempo não é mais, aquela proposta pela burguesia quando ela se elevou à categoria de classe dominante. Libâneo (1990) e Saviani (1991) são dois autores brasileiros que se propuseram a compreender que características foi assumindo a educação escolar a partir de então e organizaram essas ideias de modo que fosse possível perceber as mudanças e permanências no decorrer do tempo. Embora haja pequenas diferenças na abordagem de cada um desses autores, de modo geral as classificações por eles propostas se assemelham. Ambos se referem, inicialmente, ao que se convencionou chamar de ESCOLA TRADICIONAL, primeira corrente (ou tendência) pedagógica. Vejamos qual o ponto de vista desta concepção de educação sobre a avaliação.

3.1. A ESCOLA TRADICIONAL E A AVALIAÇÃO

Segundo Saviani (1991), a pedagogia tradicional considera a educação como antídoto para a ignorância e fator essencial para a integração das pessoas na sociedade capitalista por meio da transmissão dos conhecimentos necessários para se adaptar a ela. Nas palavras de Libâneo (1990, p. 23), seria "a preparação intelectual e moral dos alunos para assumir sua posição na sociedade". Observem no trecho citado, a ideia que a cada sujeito está reservada determinada posição social, não cabendo questionamentos em relação à justiça da divisão de papéis existente.

Para cumprir seu objetivo, a escola tradicional garantia a transmissão dos conteúdos da cultura universal como se fossem verdades absolutas, o que era o papel do professor, por meio da transmissão oral. O professor (mestre-escola) era o sujeito principal da relação ensino-aprendizagem. Sua relação com os alunos era bastante hierárquica e rígida. Cabia ao aluno ouvir, assimilar, realizar as tarefas solicitadas sem jamais se posicionar, discordar ou questionar do que lhe era repassado. A repetição e a memorização dos conteúdos pelos alunos completavam o trabalho do professor, que era a sua transmissão.

Utilizava-se premiações e punições com o objetivo de estimular a aprendizagem e as notas faziam parte desse objetivo. Não eram poucas as escolas que premiavam os alunos com melhores notas e, em algumas delas, o castigo (inclusive físico) era usado como forma de expor aqueles com notas baixas.

> Nesta configuração a avaliação tinha por objetivo valorizar os aspectos cognitivos, com ênfase na memorização. Aquilo que havia sido transmitido pelo professor, deveria ser repetido de maneira idêntica nas verificações. Costumava-se realizar verificações de curto prazo (interrogatórios orais, lições de casa) e de longo prazo (provas e trabalhos). (SUHR, 2011, p. 88)

Importa lembrar também que a avaliação segundo a escola tradicional tem caráter classificatório, ou seja, ao final de um ano havia a aprovação ou reprovação, o que, a médio prazo, contribui para a definição do lugar que as pessoas ocupariam na sociedade. Aos que conseguissem continuar os estudos, chegando ao superior, esperavam trabalhos mais reconhecidos socialmente, enquanto os demais assumiam funções menos valorizadas e, consequentemente, níveis inferiores de condições concretas de vida.

É verdade que a educação não é a única responsável pela posição social das pessoas, mas a reprovação e a evasão escolar foram socialmente utilizadas (e aceitas) para justificá-la. Desse modo, a educação e mais especificamente a avaliação contribuíam (ou será que ainda contribuem??) para a manutenção do *status quo*.

Analisando o modo como a pedagogia tradicional concebe a avaliação podemos perceber a origem de alguns temores que os estudantes têm ainda hoje em relação a ela. O medo das provas (por si só um termo pesado, afinal é preciso provar para alguém o que foi aprendido), o estudo baseado na memorização de conceitos, a valorização excessiva do resultado – a nota, têm a ver com essa forma de conceber a avaliação.

É significativo (e preocupante) que embora a pedagogia tradicional tenha surgido no século XIX, seu modo de compreender avaliação continua extremamente forte no ideário de muita gente ainda hoje, em pleno século XXI. Isso porque desde o século XIX até agora, várias outras formas de compreender a avaliação foram surgindo, o que veremos a seguir.

3.2. A AVALIAÇÃO SEGUNDO A PEDAGOGIA DA ESCOLA NOVA

Escola Nova é o nome que damos à corrente pedagógica que surgiu na primeira metade do século XX e que fez fortes críticas à escola tradicional, propondo várias mudanças na forma de fazer educação e, portanto, de avaliar. No Brasil essa tendência recebeu grande impulso com o Manifesto dos Pioneiros da Educação Nova[4], em 1932.

A Escola Nova, embora tenha trazido muitos avanços no que se refere à prática pedagógica, parte do mesmo princípio em relação ao papel da escola, ou seja, adequar as pessoas à sociedade vigente. Segundo Libâneo (1990, p. 25), a Escola Nova critica o verbalismo da escola tradicional e a ênfase na transmissão da cultura universal e em seu lugar, propõe que a escola deve "adequar as necessidades individuais ao meio social ela deve se organizar de modo a retratar, o quanto possível, a vida".

A aprendizagem é compreendida como atividade individual de descoberta (e não mais de assimilação do que foi transmitido), pois cada aprendiz constrói seu conhecimento. Por isso mesmo o aluno (e não mais o professor) é o grande sujeito do processo pedagógico, devendo desenvolver a capacidade de aprender a aprender. O desenvolvimento do "aprender a aprender" levou à valorização do processo de aquisição do saber, que seria mais importante que o próprio saber. Para atingir este objetivo, os conteúdos seriam selecionados a partir dos interesses e experiências vividas pelos alunos e não mais a partir do inventário da cultura universal como propunha a escola tradicional.

Seria necessário também, aprender fazendo, participando, posicionando-se, resolvendo problemas. As atividades coletivas passaram a ser valorizadas, pois seria por meio delas que se desenvolveria o convívio democrático e o respeito às regras.

---

[4] Para saber mais sobre o Manifesto dos Pioneiros da Educação Nova, acesse http://www.fgv.br/Cpdoc/Acervo/dicionarios/verbete-tematico/manifesto-dos-pioneiros-da-educacao-nova, ou https://www.histedbr.fe.unicamp.br/pf-histedbr/manifesto_1932.pdf

O foco central se deslocou do ensino para a aprendizagem e para que ela pudesse ocorrer, o ambiente de sala de aula deveria ser estimulador, favorecer a solução das situações problema, que eram consideradas disparadoras do desejo de aprender. Para que o aluno tivesse sucesso na aprendizagem seria necessário valorizar o conhecimento que ele já traz. Como cada aluno tem vivências diversas, há diferenças e necessidades individuais que precisam ser estimuladas para promover a aprendizagem.

Obviamente numa proposta assim, a avaliação teria outros objetivos e práticas. Ao invés de "medir" o quanto o aluno se aproximou da assimilação do fragmento da cultura universal proposto para uma etapa ou série (escola tradicional), o objetivo passou a ser o acompanhamento do desenvolvimento individual do aluno.

Lemos em Suhr (2011, p. 99),

> que não se tratava mais de averiguar o quanto o aluno tinha assimilado daquilo que o professor repassou – o resultado –, e sim verificar o processo de aprendizagem. Passou-se a valorizar a participação, os aspectos afetivos (atitudes), assiduidade, a responsabilidade, o interesse do aluno. Cada um deveria ser avaliado segundo seu nível de desenvolvimento e, por isso mesmo, não haveria por que determinar níveis mínimos a serem alcançados por todos os alunos. O esforço deles deveria ser mais valorizado, já que a ênfase era mais no processo de obtenção do conhecimento e não tanto em seu resultado.

Se o objetivo da avaliação passou a ser o acompanhamento do processo de aprendizagem, ela passou a usar outras estratégias e instrumentos. A anotação da observação do dia a dia em sala, a autoavaliação e as avaliações grupais passaram a fazer parte, substituindo, em grande medida, as provas e testes.

As diferenças individuais e o empenho de cada aluno na resolução das situações de aprendizagem ofertadas também eram considerados, inserindo e reconhecendo a importância da subjetividade na avaliação. Afinal, um aluno com dificuldades (de aprendizagem ou emocionais) poderia ter avançado mais em relação ao seu próprio desempenho anterior do que outro que tivesse dificuldades. O aspecto quantitativo, de métrica, foi questionado e passou-se a analisar o avanço de cada um em relação a si mesmo e não a um padrão de resposta predefinido.

Ao ler essa breve descrição sobre a Escola Nova é possível perceber suas influências na escola e na avaliação atualmente. É comum vermos alunos (principalmente no ensino médio ou superior) cobrando professores em relação ao resultado de uma avaliação, afirmando que se dedicaram, que tiveram problemas em casa ou algo assim. Para esses alunos, o esforço ocupa um posto mais relevante que a aquisição do conhecimento.

Também é cada vez mais presente a avaliação por meio de outros instrumentos e estratégias, tais como apresentação de trabalhos em grupo, construção de maquetes, resolução de situações problema, dentre outros. A maioria dos sistemas de avaliação das escolas exige que os docentes realizem várias avaliações durante o bimestre ou trimestre, com a intenção de valorizar o processo e não apenas o resultado. Além disso, há reuniões de conselho de classe (falaremos dele mais tarde), nos quais se discute a situação individual dos alunos para além dos resultados quantitativos aferidos.

Como já é possível notar, a escola atual reúne influências da escola tradicional e nova, mas ainda é preciso incluir mais algumas tendências pedagógicas nesse "caldo". Por isso, a seguir, abordaremos brevemente a pedagogia tecnicista.

3.3. AVALIAÇÃO SEGUNDO A PEDAGOGIA TECNICISTA

A pedagogia tecnicista tem origem nos Estados Unidos e ganhou força no Brasil no decorrer do período da ditadura civil-militar, iniciada em 1964. Baseada em teóricos como Skinner (1904-1990), ela compreende a aprendizagem como sendo uma modificação de desempenho do aluno a partir de objetivos claramente definidos.

Estes objetivos eram definidos a partir das expectativas do sistema produtivo para o aperfeiçoamento do sistema capitalista e organizados numa escala de pré-requisitos, ou seja, há um forte retorno da transmissão de conteúdos pelo professor.

A diferença em relação à escola tradicional é que tais conteúdos eram definidos não mais a partir da seleção de aspectos relevantes da cultura universal e sim, do que era considerado necessário para desempenhar as funções esperadas no setor produtivo. Desse modo, princípios científicos eram transmitidos como leis inquestionáveis. Eram organizados em uma sequência lógica e psicológica, estabelecida e ordenada por especialistas. O objetivo da educação seria, segundo o tecnicismo, preparar indivíduos aptos para o mercado de trabalho.

Debates, reflexões, discussões e questionamentos são considerados desnecessários e "perda de tempo", assim como não havia preocupação com aspectos afetivos que pudessem interferir na aprendizagem. Para Libâneo (1990, p. 30-31) a pedagogia tecnicista considera que o bom ensino é "um processo de condicionamento através do uso do reforço das respostas que se quer obter".

É com a pedagogia tecnicista que surge a ideia de que a escola deveria funcionar como uma empresa, impondo-lhe a busca da eficiência, da racionalidade e da produtividade. Ao invés de supervalorizar o papel do professor (escola tradicional) ou do aluno (escola nova) a ênfase passou a ser no material Instrucional, geralmente apostilas e módulos de autoinstrução.

Nessa lógica os aspectos subjetivos ou o processo de aquisição do conhecimento pelo aluno não eram considerados e sim, o produto desejado, que era a aquisição de conhecimentos e habilidades que levam à competência técnica.

No que tange à avaliação, a ênfase recai sobre aspectos mensuráveis e observáveis. A partir dos objetivos preestabelecidos, eram organizados testes, exercícios programados, listas de exercícios, a serem resolvidos pelos alunos, geralmente individualmente. Como podem abranger um grande número de temas num único instrumento, ganham destaque os testes objetivos, com a justificativa de que eles poderiam evitar a subjetividade do professor ao corrigir e apresentar um real panorama se os alunos adquiriram os comportamentos desejados.

Volta a ênfase no resultado, portanto os testes eram aplicados em datas predefinidas (geralmente ao final do bimestre) e esperava-se que o aluno respondesse exatamente o que estava escrito no livro didático ou apostila. "Não havia espaço para o pensamento divergente, pretendendo-se, por meio da avaliação, garantir que todos os alunos saíssem do processo mais ou menos 'iguais'". (SUHR, 2011, p. 106)

Chegando até este parágrafo, você provavelmente reconheceu mais alguns aspectos que organizam a escola na atualidade. Vem do tecnicismo a visão de que a escola deveria funcionar como uma empresa; que o mais importante é saber fazer, mesmo sem compreender os princípios da referida ação; que o objetivo da escola (principalmente a partir do ensino médio) é preparar para o mercado de trabalho. Em relação à avaliação, também é bem comum o uso dos testes, bem como o conflito entre professores e alunos em casos em que o aluno responde a alguma questão de modo diferente do que está nos manuais.[5]

Obviamente esses elementos advindos da pedagogia tecnicista estão misturados a outros, advindos da pedagogia tradicional e da nova, o que faz da escola hoje um grande amálgama de tendências, muitas vezes enraizadas no senso comum pedagógico, ou seja, os professores nem sabem sua origem, apenas aceitam como sendo o "normal".

Além das três tendências pedagógicas que abordamos, será importante aludir, mesmo que brevemente, duas tendências que, de modo diverso, propõem não a adaptação das pessoas à sociedade capitalista e sim, o desenvolvimento do pensamento crítico a partir do qual as pessoas possam, inclusive, questionar, transformar essa sociedade. São elas a pedagogia histórico-crítica e a pedagogia libertadora.

3.4. AVALIAÇÃO SEGUNDO A PEDAGOGIA LIBERTADORA

Paulo Freire (1921-1997) é a principal referência da pedagogia libertadora, que tem seu início marcado pela defesa da educação para todos, numa época (década de 1950) em que o número de analfabetos ainda era muito alto no Brasil.

Diferente da pedagogia tradicional, da nova e da tecnicista, a pedagogia libertadora posiciona-se a favor da classe popular, que

---

[5] É importante lembrar que em toda questão avaliativa há uma resposta correta, que não se pode responder "qualquer coisa", mas ainda há professores que esperam a resposta tal qual está nos livros, o que desconsidera a elaboração mental de cada aluno em relação ao conhecimento adquirido.

Freire denominava de "oprimida". Eram as pessoas que não tiveram acesso à escola, ou ainda, que mesmo tendo frequentado os bancos escolares, foram excluídos no decorrer dos anos sem que as aprendizagens ali vivenciadas fossem de grande serventia para poderem compreender o mundo. Assim sendo, a pedagogia libertadora assume o papel político da educação como sendo o de favorecer a emancipação dos sujeitos numa sociedade desigual e injusta.

Esta concepção considera que o papel fundamental da educação é que os educandos se reconheçam enquanto sujeitos histórico-sociais, capazes de transformar a realidade. Como você pode perceber, é uma postura contrária à das pedagogias que foram abordadas anteriormente, que defendiam a adaptação das pessoas à sociedade. Em outras palavras, para as pedagogias tradicional, nova e tecnicista, tratava-se de, por meio da educação, formar as pessoas para que aceitassem a realidade tal como ela é. Para a pedagogia libertadora, o objetivo é a emancipação dos sujeitos, de modo que possam (se assim o desejarem) modificar a realidade existente.

A exclusão da maioria dos alunos oriundos das classes populares da escola seria, de certo modo, parte do processo por meio do qual se dá essa adaptação, pois analfabetos ou pessoas com baixo nível de escolaridade são impelidas a aceitarem trabalhos e condições de vida mais precárias.

Freire afirmava que a escola era bancária, ou seja, depositava conhecimento na cabeça dos alunos do mesmo modo que alguém deposita dinheiro no banco. Esse conhecimento não necessariamente fazia sentido para o aprendiz e, passado determinado tempo, era cobrado em testes e provas. Em sua analogia, seria como se a pessoa que depositou o dinheiro no banco resolvesse sacar os valores investidos, tal como eram. Para o autor, essa falta de significado da escola seria a responsável pela evasão, reprovação, em suma, pela sua falta de sentido para as classes populares.

Em resposta à educação bancária e com o objetivo de contribuir para a transformação dessa realidade, Freire defende uma educação problematizadora e conscientizadora. A conscientização, bem como a construção da autonomia intelectual do educando, seriam os caminhos para que ele pudesse intervir na sua realidade, modificando-a.

Como surgiu da educação de adultos, a pedagogia libertadora sustentava que educador e educando[6] aprendem juntos. Ao invés de professor, o educador é caracterizado como um coordenador de debates, que estabelece uma relação horizontal entre os participantes do grupo.

Essa relação horizontal entre os participantes de um processo ensino-aprendizagem é essencial para que as pessoas "do povo" se sintam à vontade para se envolverem num processo coletivo de problematização da realidade vivida. A partir dessa problematização, todos iriam em busca de fundamentação teórica que permitisse compreender o fenômeno em tela de maneira mais ampla, com criticidade e, com base no novo conhecimento coletivamente construído, a prática social se transformaria. Assim, o processo ensino-aprendizagem seria um processo de constante aperfeiçoamento.

Nessa perspectiva, não faz sentido que haja conteúdos predefinidos, eles são extraídos da problematização da vida dos educandos (Libâneo, 1990) e recebem o nome de "temas geradores". Não se trata de qualquer tema e sim, uma situação-problema que tenha a potencialidade de permitir várias reflexões, discussões e aprendizagens. Por serem retirados da própria vida das pessoas, os temas geradores teriam, segundo essa perspectiva, um grande poder de motivar a aprendizagem.

---

6   Observe que não usamos os termos professora e aluno e sim, educando e educador, demarcando a ideia de horizontalidade nessa relação, em busca da compreensão da realidade.

Suhr (2011, p. 146) considera que na perspectiva da pedagogia libertadora

> não faz sentido propor ações formais de avaliação, mas sim, acompanhar o progresso do grupo rumo à conscientização por meio da autoavaliação e de produções escritas. A medida da real aprendizagem seria a mudança no modo de agir da comunidade, promovida pela conscientização gerada nas discussões realizadas.

Embora suas origens sejam em movimentos de educação popular, as ideias da pedagogia libertadora influenciaram a escola, bem como as várias obras de Paulo Freire. Seguindo esse pensador, a escola precisa se repensar, compreender qual é sua função para a comunidade escolar e, a partir daí, reformular suas ações. O papel do currículo, de cada um dos sujeitos, da metodologia, da avaliação, dentre outros, precisaria ser analisado à luz desse repensar.

Em "Pedagogia da autonomia", Freire (2005) traz várias e importantes reflexões sobre processo ensino-aprendizagem em situação escolar, espaço que ele considera como lugar privilegiado no qual todos aprendem, pois não há docência sem discência. Nesta obra, indica a necessidade de o educador reconhecer as condições sociais, culturais, econômicas dos alunos, suas famílias e o seu entorno para poder encaminhar a aprendizagem da melhor forma. Também insiste que é preciso que o educador tenha o domínio do conteúdo, bem como dos caminhos metodológicos para ensinar. Para Freire (2003, p. 114),

> talvez nunca tenhamos tido em nossa história necessidade tão grande de ensinar, de estudar, de aprender mais do que hoje. De aprender a ler, a escrever, a

> contar. De estudar história, geografia. De compreender a situação ou as situações do país. O intelectualismo combatido é precisamente esse palavreado oco, vazio, sonoro, sem relação com a realidade circundante, em que nascemos, crescemos e de que ainda hoje, em grande parte, nos nutrimos. Temos de nos resguardar deste tipo de intelectualismo como também de uma posição chamada antitradicionalista que reduz o trabalho escolar a meras experiências disso ou daquilo e a que falta o exercício duro, pesado, do estudo sério, honesto, de que resulta uma disciplina intelectual.

Você pode observar como Freire defende, neste trecho, que o ensinar seja significativo, fugindo tanto do intelectualismo (poderíamos pensar na pedagogia tradicional e na tecnicista), quanto do antitradicionalismo (poderíamos fazer um paralelo com a escola nova) que nos afasta do real exercício de compreender o conteúdo em questão para além da aparência. Há ainda, a defesa do trabalho sério, tanto do educador quanto do educando, para que a aprendizagem realmente aconteça.

Para que o aprender seja significativo o educando e o educador precisam perceber se a compreensão do conteúdo está ocorrendo a contento, portanto, avaliação amorosa e respeitosa é necessária, mas de um modo diverso do que as tendências propuseram.

Schram e Carvalho (s/d, p. 14) sintetizam esse pensamento da seguinte forma:

> ... é necessário pensar a prática educativa, o seu momento de avaliação, de aferição do saber, valorizando a experiência do educando, aquilo que traz consigo, seu vocabulário, sua prosódia, sua sintaxe, sua competência linguística, compreendendo que muitas vezes

a experiência dos meninos populares se dá preponderantemente não no domínio das palavras escritas, mas no da carência das coisas, e por isso é preciso trabalhar com o propósito de chegar naquilo que a escola considera como bom e certo, capaz de contribuir com o educando para a sua formação. É necessário, portanto, democratizar os critérios de avaliação do saber, onde a escola preocupe-se em preencher as lacunas de experiência das crianças, ajudando-as a superar os obstáculos em seu processo de conhecer.

Os autores se referem a um processo de acompanhamento da aprendizagem, para o que pode ser necessário (embora não sempre) o uso de instrumentos de aferição da aprendizagem. Mas, esse acompanhamento e a leitura dos resultados dos educandos nestas atividades avaliativas precisam levar em conta a realidade em que eles se inserem. É, de certo modo, ler para além do que dizem as palavras escritas numa prova ou da resolução de um problema, buscando compreender o raciocínio de cada educando, para, a partir disso, ajudá-lo a compreender seu progresso, os equívocos que porventura esteja cometendo. A avaliação (e não medida) seria, nesse raciocínio, essencial para que o educando perceba seu processo e para o educador saber como continuar orientando a aprendizagem.

Outro aspecto importante da citação acima, é a referência a critérios de avaliação, ou seja, quais são os balizadores que orientam a avaliação. Mais importante ainda é que tanto educador quanto educandos (e também as famílias) tenham clareza de quais são esses critérios, dando total transparência às expectativas formativas da escola para uma etapa, série ou ano.

As ideias de Freire estão bastante presentes nos cursos de formação de professores, mas, infelizmente, seu alcance na prática diária da avaliação ainda é restrito. Vários são os motivos para isso, mas talvez o principal deles seja sua assumida opção política pela educação dos menos privilegiados. Isso porque a conscientização das massas (objetivo final da proposta freiriana) traz em si a possibilidade de transformar as relações sociais existentes o que pode, a médio prazo, colocar em xeque o *status quo*.

> **Para saber mais:**
> Atualmente, o Instituto Paulo Freire busca continuar o legado deste importante autor brasileiro. Você pode ter acesso a todo o conteúdo do site pelo link https://www.paulofreire.org/

3.5. AVALIAÇÃO SEGUNDO A PEDAGOGIA HISTÓRICO-CRÍTICA

Assim como a pedagogia Libertadora, a Pedagogia histórico-crítica traz a defesa da educação das massas, advogando em favor da escola pública, gratuita e de qualidade como direito de todos os brasileiros. É, assim como a pedagogia Libertadora, uma proposta contra hegemônica[7]. Mesmo assim, a Pedagogia histórico-crítica ganhou força no período imediatamente posterior à

---

[7] A hegemonia é a preponderância, o domínio de um grupo social sobre os demais, que se dá pela força e pelo consenso. Para Gramsci (1978). O poder é representado por instituições políticas e jurídicas e pelo controle exercido pela polícia e pelo exército. Já o consenso é uma liderança ideológica que um grupo social conquista quando determinados valores e regras de comportamento (que são os daquela classe) são transmitidos, inculcados em toda a população como sendo os únicos e melhores.
Contra hegemonia é, portanto, o movimento que questiona o pensamento que se tornou senso comum em determinada época e sociedade e que interessa a um grupo social específico.

redemocratização do Brasil com o final da ditadura civil-militar. Baseada em no materialismo histórico-dialético, tem em Dermeval Saviani o principal representante.

Para a Pedagogia histórico-crítica, a realidade é dialética, ou seja, está em constante movimento. Então, o jeito que as coisas são na atualidade não são eternas nem imutáveis e sim, fruto da ação humana. Por serem fruto da ação humana, a realidade pode ser modificada.

Saviani (1997) considera que nesse contexto em que a realidade é mutável, cabe à escola socializar os conhecimentos e saberes que foram acumulados pela humanidade no decorrer dos séculos, mas sempre os relacionando com o contexto histórico-social. Dito de outro modo, os conteúdos escolares devem ter a função de contribuir para que os aprendizes passem a compreender a prática social em que vivem de maneira mais clara, crítica, para nela intervirem rumo a uma sociedade mais justa e fraterna.

Essa concepção retoma o papel do professor como profissional competente, que direciona o processo pedagógico. Para isso, além de compreender o conhecimento com o qual trabalha, precisa dominar o "saber ensinar". Cabe ao professor criar as condições necessárias à apropriação do conhecimento, interferindo no modo de pensar do aluno, levando-o a ir além do que ele seria capaz de aprender ou descobrir sozinho. Para isso, a interação professor e aluno deve ser respeitosa, pois ambos são sujeitos ativos do processo ensino-aprendizagem. Assim como o professor, o aluno também tem um papel a cumprir, pois somente ele, ao se debruçar sobre a realidade com a orientação do professor é que pode aprender. Por isso, para os autores da Pedagogia histórico-crítica trata-se de uma relação professor-aluno-conhecimento.

A questão das estratégias de ensino fica subordinada às características do conteúdo e do objetivo pelo qual ele está sendo abordado na escola. Por exemplo, as estratégias para ensinar o raciocínio matemático não são as mesmas que servem para ensinar a língua pátria. Mas, é importante fazer uma ressalva: todos os conteúdos têm o objetivo de contribuir para a compreensão da realidade, por isso precisam ser trabalhados de modo rico, dinâmico, interativo, dialógico. Partindo do que o aluno já sabe sobre o conteúdo em tela (todos têm conhecimento sobre a realidade que os cerca, embora seja uma compreensão parcial, confusa, sincrética), ocorre a problematização, por meio da qual ocorre o confronto dos saberes trazidos pelo aluno com o saber elaborado. Com a mediação do professor, objetiva-se que o aluno se aproprie de uma concepção científico/filosófica da realidade social, ressignificando o conhecimento que já tinha.

A avaliação é considerada uma parte importante do processo pedagógico, pois tem a função de diagnosticar se a aprendizagem está acontecendo. E não se trata apenas de confirmar se a aprendizagem está ocorrendo, mas, o mais importante é, com base na coleta permanente e contínua de dados sobre o processo ensino-aprendizagem, repensar a prática, intervir, reformular o que porventura não esteja ocorrendo de acordo.

Avaliar, para a pedagogia histórico-crítica é um processo (e jamais um momento estanque) de coleta de informações sobre o processo ensino-aprendizagem para, com base neles, tomar decisões acerca de como continuar e/ou reorientar esse mesmo processo. Como professor e alunos são sujeitos ativos, ambos têm responsabilidade em relação à avaliação. Se ao professor cabe o papel de rever seu método de ensino, os materiais utilizados e os próprios instrumentos de avaliação utilizados, cabe ao aluno refletir sobre seus resultados analisando suas ações e organizando-se para as mudanças necessárias rumo à aprendizagem. É importante observar também que não se trata de avaliar apenas o desempenho dos alunos e sim, o processo ensino-aprendizagem. Nesse sentido, a escola como um todo é também envolvida na avaliação, com questionamentos relativos à organização do trabalho, tais como a distribuição do tempo e do espaço, a carga horária de cada área do conhecimento, o material adotado, as relações interpessoais, o peso de aspectos burocráticos etc.

Também as famílias deveriam refletir a partir dos dados coletados pelo processo avaliativo, analisando os aspectos que lhes cabe no apoio aos filhos na escola. Algumas questões tais como horários de dormir e acordar, tempo de permanência frente ao celular ou à TV, organização do espaço dedicado ao estudo em casa, dentre tantas outras, poderiam fazer parte dessa reflexão. Talvez a esta altura você se pergunte como as famílias das classes populares podem garantir essas condições e se esperar isso delas não seria contraditório com a proposta da Pedagogia histórico-crítica. Segundo seus defensores, embora sabendo que a realidade social da maioria das famílias brasileiras está bem longe do ideal, quando feita de maneira emancipatória, a avaliação pode ajudar as pessoas a se darem conta disso e lutar pela criação de políticas públicas que contribuam para a superação dessas condições.

Assim como ocorre com as ideias de Freire, a pedagogia histórico-crítica também faz parte dos currículos de formação de professores, mas não conseguiu se firmar como prática nas escolas. Em parte, isso se deve (nos dois casos) ao fato dessas concepções serem contra hegemônicas, trazendo às claras a relação entre avaliação, escola e sociedade. Ao defenderem o ponto de vista das classes populares, tanto a pedagogia libertadora quanto a histórico-crítica trazem em si a potencialidade de alterar o *status quo*, o que não é de interesse da elite dominante.

> **Para saber mais:**
>
> Sobre a trajetória de Saviani, acesse: Dermeval Saviani: Esboço de um crítico educador brasileiro, no link https://www.nucleodoconhecimento.com.br/educacao/dermeval-saviani
>
> Outro material que versa sobre este autor é Dermeval Saviani: uma trajetória cinquentenária, acessível no link https://www.scielo.br/j/icse/a/YpJBw9wZgwpLLFVS3Y6qZkd/?lang=pt

3.6. CONCEPÇÕES QUE ORIENTAM A AVALIAÇÃO NA ATUALIDADE: AVANÇO OU RETROCESSO?

No final do século XX a concepção libertadora e a histórico-crítica balizaram grande parte das políticas e ações dos organismos públicos para a educação, mas neste início de século XXI elas perderam força. Mas, não porque tenham sido superadas por outras proposições mais articuladas teoricamente ou melhor enraizadas na prática das escolas brasileiras (SUHR, 2010), e sim, por se adequarem melhor ao ideário neoliberal que ganhou força nos últimos anos.

A educação volta a ser caracterizada como instância formadora das pessoas (tipo de trabalhador e de cidadão) desejadas pela sociedade organizada segundo o neoliberalismo, negando a necessidade de desenvolvimento do pensamento crítico. Vivemos então, um interessante amálgama de aspectos oriundos da pedagogia tradicional da nova e da tecnicista, mas ressignificados.

Um exemplo dessa ressignificação de preceitos é para Saviani (2007) é a defesa do "aprender a aprender", que bebe na pedagogia nova e se relaciona à "necessidade de atualização constante dos trabalhadores com o objetivo de manter a empregabilidade". (SUHR, 2010, p. 182).

Nesse direcionamento, caberia à escola o desenvolvimento de certos conhecimentos e habilidades básicas, que serviriam para que o estudante desenvolvesse a capacidade de continuar aprendendo sempre. Os conteúdos são relativizados, considerados de menor importância, sob a justificativa de que a ciência se desenvolve tão rápido que é inútil aprender conceitos que serão substituídos muito em breve. Novamente, o professor é colocado como mero auxiliar do processo, não lhe cabendo a tarefa de transmitir o conhecimento. Cada estudante, mediante seus interesses ou as necessidades postas pelo trabalho, busca aprender o que lhe for importante. O percurso educativo deixa de ser único para todos os alunos e valoriza-se exatamente o diferente, tal como o domínio de informática, língua estrangeira e outros diferenciais. (SUHR, 2010, p. 183)

Se o que importa é a capacidade de continuar aprendendo sempre, a avaliação assume uma conotação fluida, subjetiva, pois é impossível saber qual conhecimento realmente importará para cada pessoa no futuro.

Além do imbricamento das tendências que discutimos acima, principalmente a tradicional, a nova e a tecnicista, vivemos uma enxurrada de novas epistemologias, fortemente influenciadas pelo pensamento pós-moderno[8]. Em artigo escrito em 2005, Libâneo retoma as tendências pedagógicas por ele denominadas

---

8   O termo pós-modernidade é de difícil definição dada a complexidade que encerra, mas, em linhas gerais, descreve um conjunto de ideias que partem do questionamento da razão e da ciência como formas privilegiadas de compreensão do mundo. A partir dessa premissa inicial, surgiram várias linhas de pensamento, muitas delas divergentes entre si, com o objetivo de compreender uma realidade cada vez mais complexa, multifacetada, em que as mudanças são diárias, e em que as crenças e utopias que regiam o pensamento moderno não bastam.

"modernas"[9] em comparação com teorias mais contemporâneas, alinhadas à pós-modernidade. Para o autor, realmente é preciso refletir sobre aspectos da realidade atual que não foram foco de análise das tendências pedagógicas modernas (todas as que comentamos até aqui), como, por exemplo, a influência marcante da subjetividade no processo educativo.

Depois de apresentar o variado pensamento pós-moderno em relação à educação, o autor alerta que estes estudos, embora tragam questionamentos relevantes, vêm gerando muitas dúvidas nos professores, ao lhes "tirarem" as certezas que tinham em relação ao papel da escola. Kuenzer (2016) e Saviani (2007) também alertam para a falácia de grande parte dos posicionamentos epistemológicos trazidos pelo pensamento pós-moderno, principalmente no que se refere à dúvida sobre a possibilidade de a educação contribuir para a emancipação e para a transformação social.

Kuenzer considera que a flexibilização do currículo e da avaliação (dentre outros aspectos da educação) está alinhada à reestruturação produtiva e que, embora se apresente como avanço na área da educação, favorece a formação do trabalhador e do cidadão desejado pelo neoliberalismo. As formas relativizadas de avaliação, que supervalorizam o subjetivo e minimizam o valor do conteúdo, são, portanto, criticadas por esta autora.

Nessa mesma direção, Saviani (2007) alerta para o retorno, embora repaginado, das concepções tradicional, nova e tecnicista de educação, em novas articulações, mas mantendo o objetivo

---

9   Em referência à concepção moderna de mundo, em contraposição à concepção pós-moderna. O pensamento moderno se caracteriza pela influência do Iluminismo, a partir do qual o ser humano é concebido como ser racional capaz de, por meio da razão, atuar de forma autônoma sobre a natureza e a sociedade. Já o pensamento pós-moderno é mais múltiplo, são várias correntes filosóficas que têm em comum exatamente o questionamento em relação à racionalidade como fundamento da ação humana. De maneira geral, para a pós-modernidade, nada é fixo e imutável, valoriza-se a pluralidade e a subjetividade. Para saber mais, leia: https://www.significados.com.br/pos-modernidade/

inicial: favorecer a manutenção do *status quo*. Partindo da percepção que com o fortalecimento da ideologia neoliberal o ideal democrático vem perdendo força no país, este autor demonstra que a educação vem sofrendo a influência de várias "novidades", que, na verdade, são apenas a retomada de velhos paradigmas.

Com o que Saviani (2006) denomina neoprodutivismo, a avaliação vive um paradoxo. Por um lado, questiona-se a rigidez dos padrões de avaliação impostos pela escola tradicional e pelo tecnicismo, defendendo uma avaliação mais compreensiva do processo de cada aluno, semelhante ao que propunha a escola nova. Por outro, cresce a ênfase nas avaliações externas[10], que geralmente são padronizadas e buscam resultados quantificáveis, que promovem o estabelecimento de rankings de escolas e municípios e estão relacionados ao financiamento da educação.

O estabelecimento de metas e de rankings se relaciona à lógica neoliberal, segundo a qual as escolas devem ser gerenciadas como se fossem empresas produtivas, com base em critérios de eficácia e eficiência. Dentro dessa ótica, as escolas (e seus professores) devem passar por auditoria e avaliação periódica, e o "produto" a ser avaliado é o desempenho do estudante, o que atestaria a qualidade do ensino ministrado.

Por serem planejadas, elaboradas e corrigidas por entidades externas à escola, como, por exemplo, o INEP[11] e a OCDE[12], as

---

10 As avaliações externas são as realizadas em larga escala, pelos diversos sistemas de educação (municipal, estadual e federal), com o objetivo de produzir informações para os gestores de redes educacionais para que possam formular e monitorar as políticas públicas para a educação. Seus resultados servem ainda para promover o redirecionamento de práticas pedagógicas.

11 O Instituto Nacional de Estudos e Pesquisas Educacionais Anísio Teixeira (INEP) é o organizador do Sistema de Avaliação da Educação Básica (Saeb) https://www.gov.br/inep/pt-br/areas-de-atuacao/avaliacao-e-exames-educacionais/saeb

12 A Organização para a Cooperação e Desenvolvimento Econômico (OCDE) é a organizadora do PISA: Programa Internacional de Avaliação de Estudantes, tradução de *Programme for International Student Assessment* https://www.gov.br/inep/pt-br/areas-de-atuacao/avaliacao-e-exames-educacionais/pisa

avaliações externas são aplicadas em larga escala, não levam em conta as condições reais de cada instituição e menos ainda, de cada turma e a relação ensino-aprendizagem que nela ocorre.

Além disso, seus resultados são quantitativos e não qualitativos e como o recebimento das verbas pelos municípios muitas vezes está atrelado aos resultados nas avaliações externas, verifica-se uma distorção da sua função. Ao invés de bússola a guiar a ação do professor e da escola, torna-se uma competição em busca de bons resultados, muitas vezes secundarizando a aprendizagem.

Mas, para além de questionar o uso que vem sendo feito das avaliações externas, é importante citar que elas podem, desde que em outra lógica, contribuir para que as escolas tenham parâmetros sobre sua atuação, indicando possíveis mudanças na direção de garantir a aprendizagem de todos.

Tanto Libâneo (2005) quanto Saviani (2007) e Kuenzer (2016), ao mesmo tempo em que nos alertam para as pseudo novidades, comungam da posição de que a avaliação é parte constituinte do processo ensino-aprendizagem. Planejamento e avaliação estão imbricados, um alimenta o outro, e são essenciais para que a educação se aproxime do ideal de formar pessoas autônomas. Libâneo (2005, p. 22) conclui que, indiferente das epistemologias surgidas no final do século XX e início do XXI problematizarem todas as certezas que estavam consolidadas, é preciso defender que a "educação escolar lida com o conhecimento enquanto constituinte das condições de liberdade intelectual e política". Isso porque o saber, favorece o desvendamento dos nexos lógicos do real, ou seja, é instrumento de poder. E é por meio do trabalho com os conteúdos escolares e com os processos de construção do pensamento que os professores podem ajudar a desenvolver esse poder, certamente não deixando de ouvir as vozes e a experiência social concreta dos alunos. Não existe forma de compreender o real, fazer crítica política das instituições e relações de poder, sem passar por processos de desenvolvimento cognitivo através da internalização de conceitos, teorias, habilidades, valores. (LIBÂNEO, 2005, p. 23)

Podemos inferir que, se os conteúdos escolares são essenciais, mediadores do desenvolvimento do pensamento para propiciar condições de compreensão do real, é importante acompanhar se o aluno está conseguindo se apropriar deles. Por isso, a avaliação processual e diagnóstica tem grande importância no sentido de oferecer uma bússola ao professor e à escola. É ela que permite, em última instância, analisar se a escola está cumprindo seu papel.

Para saber mais:

Se você tem interesse em compreender de maneira mais aprofundada o neoprodutivismo seus desdobramentos, leia o capítulo XIV da obra:

SAVIANI, D. *História das ideias pedagógicas no Brasil.* Campinas, SP: Autores Associados, 2007.

Caso você queira ler o artigo de Libâneo sobre as teorias pedagógicas da atualidade, leia o capítulo 1 do livro:

LIBÂNEO, J. C.; SANTOS, A. *Educaçãfo na Era do Conhecimento em Rede e Transdisciplinaridade.* São Paulo: ALÍNEA, 2005

Sobre a relação entre avaliação externa e financiamento da educação, assista ao vídeo disponível em http://www.educadores.diaadia.pr.gov.br/modules/video/showVideo.php?video=18543

Depois de ler sobre as diversas concepções pedagógicas que influenciam a educação escolar em nosso país é bem possível que você perceba que o modo como a avaliação vem ocorrendo é um caldo, uma mistura de influências, algumas com mais força, outras menos.

Mas, como já dissemos no início deste livro, a educação não pode ser feita com base em senso comum, ela pressupõe ação fundamentada teoricamente. Por isso é tão importante compreender como foi se constituindo o que hoje vivemos como avaliação na escola.

Não basta, no entanto, ter conhecimento dessas influências e sim, a partir delas, refletir sobre como vem sendo e como deveria ser a avaliação da aprendizagem. E essa reflexão com certeza terá como pano de fundo o que cada um de nós compreende como sendo o papel da educação, ou seja, qual função ela vem desempenhando na sociedade. E mais, qual é nossa concepção de sociedade, pois, em última instância é ela que dirige nossas ações, mesmo que não percebamos isso.

Talvez seja a hora de você pensar sobre algumas questões que parecem não ter relação direta com a avaliação, estão no âmago de como ela ocorre/poderia ocorrer. Por exemplo: a sociedade em que vivemos é justa? Deveria ser? Por que não é? A avaliação tem contribuído para incluir ou excluir as pessoas? A exclusão é um problema ou é parte constituinte da sociedade?

Não vamos explorar essas questões, nosso objetivo é apenas demonstrar como não basta olhar para dentro da escola para compreender a avaliação, pois ela reflete o modo como a sociedade se organiza.

A seguir, vamos explorar o modo como alguns autores, referências na área, pensam a avaliação.

CAPÍTULO 4
EM DEFESA DE UMA AVALIAÇÃO PROCESSUAL E DIAGNÓSTICA

Depois de demonstrar como a avaliação escolar está relacionada a determinada concepção de educação e que esta se relaciona diretamente com o modo como compreendemos a sociedade, vamos neste capítulo defender o papel da avaliação como instância de grande valor na prática pedagógica, desde que revestida do ideal de favorecer que a aprendizagem ocorra com a maior qualidade possível.

Vimos que a escola reflete a sociedade na qual se encontra e que a avaliação tem importante papel neste jogo. Explicamos, com base em diversos autores, que a avaliação se configura como elemento de reprodução ou de transformação do *status quo*, e defenderemos seu papel como possibilidade de acompanhamento do processo ensino-aprendizagem com vistas à tomada de decisões. Isso significa que a avaliação não tem uma finalidade em si, ela "subsidia decisões a respeito da aprendizagem dos educandos, tendo em vista garantir a qualidade do resultado que estamos construindo." (LUCKESI, 1999, p. 85)

O processo avaliativo está relacionado aos objetivos da instituição (estão descritos no Projeto Político Pedagógico), da etapa (educação infantil, ensino fundamental, ensino médio, educação superior) e dos objetivos e conteúdos específicos para um determinado período de tempo. Isso porque, se não temos claro onde queremos chegar, como poderemos avaliar se estamos ou não nos aproximando do objetivo? Lembre-se do exemplo da compra de um imóvel, lá do primeiro capítulo. Sem ter clareza em relação ao tipo de moradia desejada, como João e Maria poderão avaliar os diversos imóveis visitados?

Mas, se você pensar um pouco em relação a como viveu a avaliação em sua trajetória estudantil, provavelmente percebeu que ela se tornou um meio de controle e seletividade dentro do processo educacional e social. O foco tende a ser nas provas, nas notas, na aprovação. Além disso, a avaliação tem sido usada como instrumento de controle, quando, por exemplo, um professor diz: "ah é, vão fazendo bagunça, vocês vão se ver comigo na prova". Também as escolas e sistemas de ensino vão em busca de resultados mensuráveis, que seriam comprovadores da qualidade de ensino oferecida.

Esses elementos exercem forte pressão psicológica sobre os alunos e suas famílias, muitas vezes desfocando o que deveria ser principal, a aprendizagem. O ensinar e o aprender deixam de ser relevantes, passam a ser coadjuvantes, ações que tem por objetivo principal garantir uma boa nota para o aluno e bons índices para a escola. Não é à toa que muitos alunos só se preocupam em estudar quando há uma prova marcada, ou ainda que não tenham noção se estão ou não aprendendo o conteúdo sem terem uma nota por base.

Acreditamos que a avaliação praticada desta forma precisa urgentemente ser revista, repensada e, principalmente, superada! Para isso, vamos pensar sobre a seguinte afirmação:

> "Se a boa escola é a que reprova muitos alunos, o bom hospital seria aquele em que a maioria dos pacientes morre".

Parece óbvio que o papel do hospital é promover a cura, não teríamos coragem de nos internar num hospital cuja fama é de que 25% das cirurgias resultam em morte. Mas então, porque consideramos esse índice razoável para o fracasso escolar?

Obviamente não estamos aqui advogando em prol da aprovação sem aprendizagem, mas sim, defendendo que o objetivo da escola é ensinar de modo que todos aprendam e, para alcançar esse objetivo, é preciso verificar se tudo está correndo bem. Senão, não haverá como saber o que modificar para alcançar o sucesso. Trata-se de avaliar para garantir a aprendizagem e, com isso, evitar, sempre que possível, a reprovação.

Então, o primeiro ponto essencial a ser compreendido é que avaliação é um processo por meio do qual verificamos se o processo ensino-aprendizagem está ocorrendo a contento e não se resume a provas ou testes. Esses são apenas alguns dos possíveis instrumentos de avaliação.

Avaliar é "medir a temperatura" para decidir o que fazer, ou seja, é um diagnóstico da situação de aprendizagem dos alunos. Mas, como a aprendizagem não ocorre sem ensino, ela deve olhar não só para o desempenho dos alunos e sim, para todo o processo: planejamento, conteúdos, materiais, condições da escola[13]. Portanto, não é uma ação isolada que será realizada numa data marcada, como, por exemplo, uma prova.

Por ser diagnóstico da situação com o objetivo de oferecer dados para tomar decisões sobre o replanejamento (o que é preciso retomar, mudar, reforçar etc.), a avaliação precisa variar os instrumentos e também levar em conta a faixa etária dos alunos.

Vasconcellos (s/d) defende que quando é executada como processo de análise de realidade para manter ou alterar a prática

---

13 Usaremos o termo escola para nos referir a todos os níveis de escolaridade, desde os centros de educação infantil à universidade.

rumo aos objetivos pretendidos, a avaliação pode ter um forte elemento motivador. Ao ter clareza de como estão avançando, se suas ações estão ou não dando resultado, os sujeitos envolvidos podem reafirmar o que estão fazendo ou então planejar estratégias para melhorar seu desempenho.

Mas, para isso, a avaliação precisa ser processual e diagnóstica. Significa que precisa ocorrer no decorrer do período letivo (bimestre, trimestre etc.) e diagnosticar quais são os elementos que foram aprendidos e quais não. Mas, atenção! Não basta realizar várias atividades avaliativas, transformar os resultados em notas e achar que estamos realizando o diagnóstico da aprendizagem. Para compreender isso, vamos tomar como referência uma consulta médica.

Se vamos ao consultório com alguma dor ou mal-estar, esperamos que o médico faça o diagnóstico do que nos aflige. Para isso, ele utilizará vários instrumentos: termômetro, abaixador de língua, aparelho medidor de pressão etc. Também utilizará outras estratégias de diagnóstico, como apalpar nosso abdômen, ou conversar conosco para compreender melhor o quadro. Mesmo assim, às vezes ele não tem certeza do diagnóstico e pede alguns exames complementares.

Munido de tudo isso, o médico pode afirmar que nosso mal-estar é causado pela bactéria X ou pelo vírus Y, ou ainda que se trata de um problema ósseo ou de coração. Mas não basta ele nos dizer o que temos e nos mandar embora, precisamos que ele nos indique o que fazer para melhorar. Pode ser necessário tomar medicamentos, fazer fisioterapia ou mesmo realizar uma cirurgia, são ações tomadas com base no diagnóstico. E tanto o médico como nós temos responsabilidade em relação ao tratamento, pois mesmo que os remédios indicados sejam os melhores, se não os tomarmos corretamente, não vamos melhorar. Mas pode também acontecer que o primeiro tratamento não seja adequado, que seja necessário mudar a medicação se os sintomas não desaparecerem. Por isso, ambos, médico e paciente, estão empenhados na cura, que só ocorre no decorrer do tempo, não é algo imediato.

Você já imaginou se o médico agisse do modo como ocorre com a maioria dos processos que se dizem avaliativos realizados nas escolas a cada final de bimestre ou trimestre? Seria mais ou menos assim: ao final da consulta, depois de usar os instrumentos e estratégias que ele conhece para avaliar seu estado de saúde, o médico diz: "olha, tua saúde hoje está bem ruinzinha viu, eu te dou nota 5. Vamos fazer o seguinte: você vai para casa e se cuida, tenta melhorar. Daqui a um bimestre você volta e faremos nova avaliação. Espero que até lá você esteja melhor e consiga pelo menos uma nota 7!"

Acredito que se ocorresse o que está descrito no parágrafo anterior você nunca mais voltaria ao consultório deste médico. Pois é bem assim que geralmente acontecem as coisas na escola: são aplicados instrumentos de avaliação, que geram notas, e no final do bimestre ou trimestre esses "resultados" se consolidam num boletim ou algo parecido. Quando o aluno fica sabendo o que aprendeu e o que falta aprender? Como poderá avançar se nem sabe exatamente o que não compreendeu? O aluno conhece estratégias para recuperar o conhecimento que não conseguiu aprender?

Luckesi (2014) descreve esse processo do seguinte modo:

> O ato de avaliar a aprendizagem do educando – que, epistemologicamente, se configura como uma investigação – exige, em primeiro lugar, uma *coleta de dados* sobre o seu desempenho, que seja *sistemática* (cobrindo todos os conteúdos essenciais ensinados), *compreensível* (importa que o estudante compreenda o que se lhe pergunta), *compatível com o ensinado* (solicita-se ao

educando desempenho satisfatório naquilo que efetivamente foi ensinado, nada fora disso), *precisão no que se solicita* (educador e educando compreendem com o mesmo significado o que se solicita; o significado do que se solicita não pode ter equívocos).

Feita a coleta de dados sobre o desempenho do estudante em sua aprendizagem, o ato de avaliar exige, como segundo passo, que o desempenho, descrito pelos dados, seja qualificado.

Isto se faz pela comparação entre os dados da realidade do desempenho do educando com um critério de qualidade. Critério de qualidade é o padrão de qualidade necessário para o que está sendo avaliado. Qual é a conduta esperada e satisfatória de um educando num determinado conteúdo?

E, em terceiro e último lugar, caso a qualidade desejada ainda não tenha sido atingida, há necessidade de uma intervenção (no caso da escola: ensinar de novo; reorientação) para que o desempenho do estudante chegue à qualidade necessária e desejada.

Acredito que a esta altura você já entendeu onde queremos chegar. O que a escola pratica é, muitas vezes, verificação da aprendizagem, mas não avaliação. A verificação é parte da avaliação, é seu primeiro passo, mas não basta! E como afirma Luckesi, mesmo esta etapa precisa ser planejada cuidadosamente para que indique, da maneira mais fidedigna possível, o nível de aprendizagem do aluno. Após a coleta é preciso refletir sobre os dados colhidos com a verificação qualificando-os, analisar com o aluno o que não foi aprendido, traçar formas de intervenção pedagógica. Então, assim como no exemplo do médico e do paciente, professora e alunos precisarão agir com base nos dados coletados e na compreensão do que eles demonstram. E como o professor é o profissional nessa relação, cabe a ele, inclusive, orientar os alunos em relação a como superarem as dificuldades.

Vasconcellos (s/d, s/p) aponta algumas práticas "que podem ajudar o professor a concretizar, em sala de aula, uma intencionalidade libertadora da avaliação":

- Adequar o nível de exigência; ser professora dos alunos concretos que tem e não virar professora de "determinados conteúdos preestabelecidos";
- Desenvolver metodologia de trabalho interativa em sala de aula;
- Abordar o conteúdo de forma diferente e buscar expressões diversificadas do conhecimento;
- Fazer retomada dos assuntos (currículo em espiral ascendente);
- Trabalhar as dificuldades assim que se manifestarem; não deixar acumular;
- Dialogar sobre as dificuldades dos alunos na aprendizagem (postura de investigação, pesquisa);
- Ajudar aluno a se localizar no processo de ensino-aprendizagem (metacognição);
- Adequar o nível de dificuldade das atividades propostas em sala (atuar na zona de desenvolvimento proximal), levando o aluno ao sucesso na sua realização e, consequentemente, fortalecendo sua autoestima, o que é condição para novas aprendizagens.

Você com certeza percebeu nas sugestões de Vasconcellos o que é avaliação processual, pois todas essas ações são parte dela e não tem nada a ver com a aplicação de instrumentos de avaliação, embora estes tenham o seu papel (veremos isso em outro momento).

Luckesi (2014) considera que diagnosticando e reorientando constantemente a aprendizagem não estaremos eliminando (já que o sistema de ensino o exige) a nota ou a certificação, mas que estas serão muito mais plenas de significado, expressando realmente o nível de aprendizado do aluno. Diz o autor: "a certificação continuará a existir, porém como um testemunho do educador de que ele acompanhou esse estudante e trabalhou para que ele aprendesse o que teria que aprender e... aprendeu." (LUCKESI, 2014, s/p)

Ao nos referirmos a certificação ou ao ato de conferir uma nota, estamos indicando que o fato de que a avaliação deve ser diagnóstica não elimina a possibilidade de que sejam definidos momentos de fechamento de uma etapa de avaliação. Muitas escolas utilizam momentos formais de aplicação de um instrumento de avaliação ao final do bimestre ou trimestre, geralmente abordando a maioria dos conteúdos naquela etapa.

Por ter o objetivo de comparar o desempenho do estudante com níveis de aproveitamento previamente estabelecidos, tende a ser classificatória, pois confere notas que permitem indicar, medir, o quanto cada aluno se aproximou do que dela era esperado em termos de aprendizagem.

Esta avaliação, que muitos autores denominam de somatória, pode ser utilizada, principalmente na segunda metade do ensino fundamental e no ensino médio, desde que a elaboração das provas e testes (geralmente são eles os instrumentos usados para a avaliação somatória) sejam planejados e elaborados cuidadosamente (veremos isso adiante). Além disso, a avaliação somatória não pode ser a única de um bimestre, pois já não permite mais a correção das ações em curso. É preciso que tenham ocorrido vários outros momentos em que professora e alunos sejam levados a pensar sobre a aprendizagem, seja pelo acompanhamento das atividades realizadas, pela correção das tarefas de casa, pela aplicação de variados instrumentos no decorrer da etapa. Assim, há tempo de corrigir o que porventura não esteja de acordo, favorecendo a aprendizagem e, com isso, os resultados na avaliação somatória.

Já que estamos insistindo no caráter diagnóstico e processual da avaliação, vamos dar o próximo passo, analisando a avaliação como componente do ato pedagógico.

4.1. AVALIAÇÃO COMO COMPONENTE DO ATO PEDAGÓGICO

Quando compreendida como instrumento em prol da aprendizagem e da emancipação humana, a avaliação é parte constituinte essencial da organização do trabalho pedagógico.

Assim como em outras profissões, na educação não se pode agir às cegas, é preciso planejar as ações e para isso, é preciso saber onde se quer chegar. Sem clareza dos objetivos a serem atingidos no decorrer de determinada etapa de ensino, não há como saber se estamos ou não no caminho certo. Portanto, o processo ensino-aprendizagem (em situação formal de ensino) se inicia com o planejamento. E este, toma como referência o projeto político-pedagógico[14] da escola.

---

14 Alguns autores usam, ao invés de projeto político pedagógico, o termo proposta pedagógica.

Compreendemos que o projeto político-pedagógico precisa ser elaborado coletivamente, pois precisa refletir a visão de sociedade, aprendizagem, ensino (dentre outras) da escola e estar intimamente relacionado com as necessidades da comunidade na qual a escola se insere. Ele orienta as ações dos mais diversos setores, que devem elaborar seus planejamentos a partir dele. No caso do trabalho docente, o processo é o seguinte: a partir do projeto político pedagógico são organizados os planejamentos de cada ano/série, que posteriormente são distribuídos em bimestres (em algumas escolas por trimestres) e com base nele cada professor organiza os planos de aula.

De maneira geral, para planejar uma ação educativa/de ensino precisamos pensar nos seguintes pontos:

- O que vamos ensinar?
- Porque ensinaremos isso?
- De que modo ensinaremos?
- De que recursos e/ou materiais precisamos?
- Quanto tempo imaginamos que isso levará?
- Como saberemos se os alunos aprenderam?

Como você pode observar, a avaliação é parte componente do planejamento e orienta sua continuidade, já que ele é dinâmico e em constante atualização. Ao executar o planejado o professor está constantemente avaliando se os alunos estão conseguindo aprender e, com base nisso, reestruturando a continuidade de suas aulas.

CAPÍTULO 4

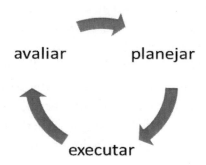

Nem sempre é preciso utilizar instrumentos de avaliação para subsidiar o planejamento. Durante as explicações, por exemplo, as perguntas dos alunos são um excelente indicativo das dúvidas e dificuldades dos alunos. No decorrer das atividades de fixação, ao circular pela sala o professor tem condições de observar se os alunos têm alguma dificuldade ou se, por outro lado, é possível acelerar e aprofundar o conteúdo já que a atividade prevista foi fácil para a maioria. As tarefas de casa também podem assumir esse mesmo papel. Mas, como você já deve ter percebido, isso implica em:

a) Metodologia interativa, pois alunos calados não expressam dúvidas;

b) Abertura para ouvir e responder às perguntas, por mais simples que possam parecer;

c) Ambiente respeitoso, no qual o aluno se sinta à vontade em relação ao professor e ao resto da turma para perguntar;

d) Olhar atento quando da correção de tarefas, trabalhos ou listas de exercícios, importando mais diagnosticar quais pontos geram dúvidas do que indicar uma nota.

É verdade que infelizmente há professores que seguem o planejamento à risca, sem levar em conta os avanços e dificuldades dos alunos, mas estes (ainda bem que são poucos) geralmente não atingem aquilo que realmente é a função do trabalho pedagógico: a aprendizagem. Você talvez se recorde de algum professor desse tipo em sua trajetória estudantil, mas acredito que também se lembrará de como a disciplina por ele lecionada foi distante, pouco significativa para a maioria dos alunos.

Como já afirmamos anteriormente com base em Vasconcellos (s/d), apoiado na avaliação o professor precisa repensar o nível de exigência, tendo em mente, além do conteúdo prescrito, a realidade dos alunos. Afinal, seu papel é promover a aprendizagem e *não vencer uma lista de conteúdos mesmo que a maioria não tenha compreendido nada.* Muitas vezes será necessário repensar a metodologia, buscando outras formas de ensinar, ou ainda, retomar conteúdos que já tenham sido explorados, mas não foram suficientemente compreendidos pela maioria dos alunos. É possível também que seja necessário organizar atividades diferenciadas para alguns alunos que estejam apresentando maiores dificuldades.

A esta altura é importante lembrar que a avaliação da aprendizagem assume características diferenciadas de acordo com as etapas/níveis de ensino. Por isso, vamos nos deter a pensar, mesmo que brevemente, em algumas especificidades da avaliação na educação infantil, no ensino fundamental e no ensino médio.

Para saber mais:

No blog mantido por Luckesi há vários artigos curtos referentes a este e outros temas relacionados à avaliação. Uma visita a este blog com certeza será enriquecedor. O endereço é https://luckesi.blogspot.com/

Assista a um dos vídeos gravados por Cipriano Luckesi sobre avaliação: https://www.youtube.com/watch?v=JqSRs9Hqgtc&t=5s

Também Jussara Hoffmann tem vídeos disponíveis sobre o tema. Um deles é esse: https://www.youtube.com/watch?v=RWgqJVBpUQg&t=1348s

CAPÍTULO 5
CARACTERÍSTICAS DA AVALIAÇÃO NOS DIVERSOS NÍVEIS DA EDUCAÇÃO BÁSICA SEGUNDO A LEGISLAÇÃO VIGENTE

Segundo a Lei 9.394/96 – Diretrizes e Bases da Educação Nacional, o sistema educacional brasileiro se divide em educação básica e educação superior. A educação básica abrange três níveis:

- Educação infantil
- Ensino fundamental
- Ensino médio

Além de definir os objetivos e características de cada nível de ensino, a LDB determina como deve ser a avaliação, seja no sentido geral, em todos os níveis de ensino, seja nas especificidades de cada um deles.

Segundo o Art. 23 da LDB, a avaliação observará os seguintes critérios:

> I. avaliação contínua e cumulativa do desempenho do estudante, com prevalência dos aspectos qualitativos sobre os quantitativos e dos resultados ao longo do período sobre os de eventuais provas finais;

II. possibilidade de aceleração de estudos para estudantes com atraso escolar;

III. possibilidade de avanço nos cursos e nas séries mediante verificação do aprendizado;

IV. aproveitamento de estudos concluídos com êxito;

V. obrigatoriedade de apoio pedagógico destinado à recuperação contínua e concomitante de aprendizagem de estudantes com déficit de rendimento escolar, a ser previsto no regimento escolar.

Observe que a LDB demarca a avaliação como contínua e cumulativa, ressaltando o processo, a qualidade, e não os aspectos numéricos. Isso quer dizer que conferir uma nota não é suficiente, é preciso ter clareza do que cada aluno aprendeu ou não. Também nos instiga a olhar todos os resultados (notas) sempre com desconfiança, pois eles nunca conseguirão expressar a riqueza e a complexidade da aprendizagem e da avaliação.

O Art. 23 da LDB também deixa claro que a avaliação não pode ocorrer apenas no final de um período, pois os resultados no decorrer do bimestre ou do ano letivo devem ser preponderantes. Para isso, é preciso variar os instrumentos de avaliação, pois o objetivo é captar o avanço na aprendizagem e não marcar o erro e o fracasso.

Isso está posto também no Art. 13 da LDB, que afirma ser papel do professor zelar pela aprendizagem dos alunos. Dito de outro modo, para garantir a aprendizagem (objetivo da avaliação), é preciso saber quem está aprendendo com facilidade, quais são as dificuldades de cada estudante, quais elementos ou conteúdos ele ainda não aprendeu ou em quais tem dificuldade.

Além disso, a LDB expressa o cuidado com os alunos que porventura não estejam acompanhando o processo de ensino, prevendo apoio pedagógico e recuperação contínua e concomitante. Também é obrigatório por lei realizar recuperação paralela para os alunos que porventura estejam tendo alguma dificuldade. O termo paralelo se refere a algo que ocorre ao mesmo tempo, embora não se confunda com as "aulas normais". Trata-se de oferecer oportunidades para que o aluno aprenda o que ainda não aprendeu, seja por meio de atividades em contra turno, momentos definidos para isso no planejamento da professora, oferta de atividades extra,...

Para que a recuperação paralela ocorra, é preciso que a avaliação seja processual (contínua e cumulativa), senão é impossível ao professor, saber quais crianças precisam ou não ser contempladas por esse tipo de atendimento.

Importante assinalar que se trata de recuperação de conteúdo e não de nota (essa virá automaticamente se a aprendizagem ocorrer). Por isso é necessário pensar em novas estratégias, formas de explicar, atividades, pois se o aluno não aprendeu a contento do modo como o professor explicou em sala, é preciso usar outra abordagem.

A LDB indica ainda, a possibilidade de romper com a rigidez do sistema escolar ao permitir a aceleração de estudos e o aproveitamento de estudos já realizados. Como você pode perceber, a justificativa de algumas escolas para a rigidez da avaliação não encontra apoio na LDB, que é a lei maior da educação brasileira.

Além da concepção geral de avaliação, encontramos na LDB indicativos relativos à especificidade em cada um dos níveis.

O primeiro deles é a educação infantil, que abrange desde o berçário até os 5 anos de idade da criança e que tem o foco na vivência dos conteúdos, geralmente por meio do brincar. As atividades se iniciam pelo acolhimento da criança na instituição, o contar histórias, as ações de higiene e alimentação, até as ações mais dirigidas, nas quais a criança será convidada a classificar, enumerar, separar, pintar, desenhar, colorir etc. E o processo só se encerra quando a família vem buscar os pequenos, pois inclusive esse momento faz parte do processo educativo nessa etapa. Por isso, o planejamento é mais fluido (o que não significa que ele não exista, ou seja menos importante) geralmente registrado em formato de planos de ação.

Por isso mesmo a avaliação também tem um caráter menos formal, o que não significa que não deva existir avaliação e sim, que ela ocorre de outro modo. Segundo o Art. 31 da LDB, inciso I, na educação infantil a avaliação ocorrerá mediante acompanhamento e registro do desenvolvimento das crianças, sem o objetivo de promoção, mesmo para o acesso ao ensino fundamental.

Trata-se de criar procedimentos para acompanhamento do trabalho pedagógico e para avaliação do desenvolvimento das crianças, sem objetivo de seleção, promoção ou classificação. Dito de outro modo, é acompanhar o desenvolvimento das crianças, verificando que aspectos precisam ser estimulados. Não se trata, no entanto, de dar uma nota, conceito, estrelinha, nada disso! É anotar os avanços e o que cada criança ainda precisa avançar para planejar as ações. Esse acompanhamento deve ter por base o projeto político pedagógico da instituição de educação infantil e precisa ser registrado. Isso porque, além de orientar o planejamento das professoras, servirá para informar as famílias sobre o processo de desenvolvimento da criança.

Também a Base Nacional Comum Curricular (BNCC) indica que na educação infantil é preciso acompanhar

> as aprendizagens das crianças, realizando a observação da trajetória de *cada criança* e de *todo o grupo* – suas conquistas, avanços, possibilidades e aprendizagens. Por meio de diversos registros, feitos em diferentes

> momentos tanto pelos professores quanto pelas crianças (como relatórios, portfólios, fotografias, desenhos e textos), é possível evidenciar a progressão ocorrida durante o período observado, sem intenção de seleção, promoção ou classificação de crianças em "aptas" e "não aptas", "prontas" ou "não prontas", "maduras" ou "imaturas". Trata-se de reunir elementos para reorganizar tempos, espaços e situações que garantam os direitos de aprendizagem de todas as crianças.

Após a educação infantil a criança ingressa no ensino fundamental, composto por 9 anos e que tem outras características e objetivos. Na educação infantil a criança é levada a vivenciar os conhecimentos, experienciar os conteúdos. Já no ensino fundamental é preciso garantir a progressiva sistematização dessas experiências, levando os alunos a desenvolverem novas formas de relação com o mundo, principalmente pela mobilização de operações cognitivas cada vez mais complexas.

No ensino fundamental, além da vivência dos conteúdos as crianças precisam ser iniciadas no pensamento conceitual, ou seja, precisam refletir em relação ao que sabem por meio da análise.

A BNCC determina que cabe ao ensino fundamental

> prever tanto a progressiva sistematização dessas experiências quanto o desenvolvimento, pelos alunos, de novas formas de relação com o mundo, novas possibilidades de ler e formular hipóteses sobre os fenômenos, de testá-las, de refutá-las, de elaborar conclusões, em uma atitude ativa na construção de conhecimentos. (p. 56)

Afirma ainda que

> as características dessa faixa etária demandam um trabalho no ambiente escolar que se organize em torno dos interesses manifestos pelas crianças, de suas vivências mais imediatas para que, com base nessas vivências, elas possam, progressivamente, ampliar essa compreensão, o que se dá pela mobilização de operações cognitivas cada vez mais complexas e pela sensibilidade para apreender o mundo, expressar-se sobre ele e nele atuar. (p. 57)

Observe que os termos sistematização, novas formas de relação com o mundo, formular hipóteses sobre os fenômenos, de testá-las, de refutá-las, de elaborar conclusões, indicam o necessário desenvolvimento do pensamento conceitual, que é essencial para continuar o processo de aprendizagem infinitamente. Isso se confirma no segundo trecho citado, que se refere a operações cognitivas cada vez mais complexas.

Portanto, no ensino fundamental é preciso levar as crianças a uma nova compreensão da realidade, não substituindo o que elas aprenderam em casa, mas sim, levando-as a refletir sobre esses e outros conhecimentos. Trata-se de uma superação por incorporação, ou seja, a criança pensa, analisa o que já sabia, mantém o que faz sentido a partir do novo conhecimento trazido pela escola, e deixa de lado o que não faz mais sentido. Dito de outra forma, é preciso trabalhar com conceitos, já que eles permitem operar mentalmente. Portanto, há conteúdos a serem "ensinados" por meio de atividades direcionadas para este fim. Além da vivência dos conteúdos as crianças precisam ser iniciadas no pensamento conceitual, ou seja, precisam refletir em relação ao que sabem por meio da análise.

Por isso, geralmente no ensino fundamental os planos de ação/aula são mais direcionados a conteúdos específicos, embora seja necessário estabelecer pontes entre as diversas áreas do conhecimento. Também não se pode esquecer que todos os momentos são educativos, desde o modo como se organiza a entrada das crianças, a posição das carteiras, o jeito que fazemos a chamada etc.

Se é preciso, por meio da ação docente, sistematizar os conteúdos aprendidos, a avaliação pode (e deve) aferir a apreensão desses conceitos. A avaliação assume então, outras características no ensino fundamental, mas continua sendo processual diagnóstica.

No ensino fundamental é possível realizar a verificação do rendimento escolar, ou seja, avaliar se as crianças alcançaram ou não os objetivos propostos para uma determinada fase. Geralmente essas "fases" são os bimestres ou trimestres, bem como os anos e/ou séries. Mas é importante frisar que o objetivo da avaliação é captar o avanço na aprendizagem e não apontar o erro nem mesmo chegar a uma nota.

As características descritas para o ensino fundamental permanecem e se complexificam no ensino médio, última etapa da educação básica. Ele tem como objetivo a consolidação e o aprofundamento dos conhecimentos adquiridos no ensino fundamental. Além disso, deve dar elementos para que o jovem possa continuar aprendendo, acessar níveis mais elevados de ensino, desenvolver a autonomia intelectual, o pensamento crítico e a ética, de modo a se tornar cidadão e trabalhador.

A LDB mantém para o ensino médio, os mesmos princípios de avaliação processual e cumulativa, acrescentando, no Art. 35-A, que serão estabelecidos padrões nacionais de desempenho, que subsidiarão os processos nacionais de avaliação, como, por exemplo, o ENEM (Exame Nacional do Ensino Médio). Esses padrões serão estabelecidos a partir da Base Nacional Comum Curricular.

Ainda no Art. 35-A a LDB indica que a avaliação processual e contínua pode incluir atividades teóricas e práticas, provas orais e escritas, seminários, projetos e atividades *online*. Ou seja, são várias as indicações de instrumentos e estratégias de avaliação, superando a clássica aplicação de provas ou testes.

> **Para saber mais:**
>
> Sobre avaliação na educação infantil:
>
> LUCKESI, C. Avaliação da aprendizagem na educação infantil. Disponível em http://luckesi.blogspot.com/search?q=126
>
> Ainda sobre avaliação na educação infantil, sugerimos o vídeo gravado por Jussara Hoffmann: https://www.youtube.com/watch?v=A74gphe1nT4
>
> Sobre a avaliação na LDB: https://www.youtube.com/watch?v=BOeEVUtxjyk
>
> No blog mantido por Luckesi, também há vários artigos curtos referentes a este e outros temas relacionados à avaliação. Uma visita a este blog com certeza será enriquecedor. O endereço é https://luckesi.blogspot.com

CAPÍTULO 6
CRITÉRIOS DE AVALIAÇÃO: UMA CONSTRUÇÃO NECESSÁRIA

Você deve se lembrar que no início deste livro comentamos que a avaliação está presente em todas as ações humanas e usamos, dentre outros, o exemplo do casal que desejava comprar um imóvel. Naquele exemplo, nossos personagens elencaram uma série de critérios para poderem visitar os imóveis que se encaixavam em suas expectativas. E, com base nas visitas realizadas, verificando a proximidade ou distância de cada imóvel às expectativas, escolheram aquele que desejavam adquirir.

Pois bem, na avaliação escolar também é preciso ter critérios, senão não temos como perceber se o aluno está ou não se aproximando do que dele se espera. Aliás, é exatamente por não terem critérios claros que muitas vezes os professores, alunos e famílias colocam tanto peso nas notas.

Mas, o que são critérios?

Podemos considerar que eles são a base para a comparação, o julgamento. Segundo Gessinger *et al.* (2010, p. 36)

> representam o que é julgado essencial numa determinada área de conhecimento e tornam claras as referências utilizadas para a avaliação (...) [e] servem de base para a avaliação de trabalhos, provas, testes, relatórios, constituindo fontes mais seguras de informações sobre

o ponto em que está a aprendizagem avaliada e o que falta para chegar ao desejado.

De maneira geral podemos considerar que os critérios de avaliação descrevem, de maneira clara para os sujeitos envolvidos, o que se espera num determinado período de tempo em relação ao processo ensino-aprendizagem. Vamos explicar um pouco melhor!

Os critérios de avaliação têm sua origem nos objetivos de um ano, bimestre, etapa (depende do nível do ensino), estão relacionados às especificidades de cada área do conhecimento e devem ser descritos de tal forma que tanto o professor quanto seus alunos tenham clareza em relação a eles. Ambos precisam ter conhecimento do que se espera em termos de aprendizagem, o professor para adequar sua ação docente e o aluno para poder perceber seus avanços e/ou dificuldades. Aliás, quando o aluno sabe o que se espera dele (conhece a regra do jogo que está jogando) ampliam-se as possibilidades de seu desempenho ser cada vez melhor.

Se retomarmos o que diz a LDB sobre o desenvolvimento da autonomia intelectual no decorrer da educação, fica ainda mais claro o quanto o aluno precisa saber o que dele se espera para adequar suas ações no sentido de aprender verdadeiramente. Como você está percebendo, estamos partindo da certeza de que o aluno e o professor são, ambos, sujeitos do processo ensino-aprendizagem, embora com papeis diferentes. Já afirmamos anteriormente, inclusive com base na LDB, que cabe ao professor zelar pela aprendizagem, o que implica em ajudar o aluno a desenvolver a autopercepção. O aluno, compreendido como sujeito ativo da aprendizagem, também precisa "fazer a sua parte", o ato de aprender não é fácil nem lúdico o tempo todo, exige dedicação e esforço. E tudo isso fica muito mais fácil quando há critérios de avaliação claros, de amplo conhecimento, que direcionam as ações destes dois sujeitos.

Os critérios de avaliação têm origem nos objetivos de cada área do conhecimento, que são distribuídos no decorrer do ano letivo. Devem ser pensados, descritos, já durante o planejamento de uma etapa (bimestre, trimestre), e direcionam as ações avaliativas, inclusive a escolha dos instrumentos de avaliação. Mas atenção, o fato de que precisam ser descritos já no planejamento não significa que os critérios de avaliação sejam inflexíveis, rígidos. Como tudo que está previsto no planejamento, pode ocorrer de os critérios de avaliação serem revistos, modificados de acordo com a prática diária. Isso porque no planejamento inicial é impossível prever tudo o que vai ocorrer num bimestre e, para garantir a aprendizagem, é preciso ter suficiente flexibilidade para promover mudanças.

Depois de descritos os critérios, eles precisam ser compreendidos por professores e alunos, podendo até ser discutidos com a turma. Aliás, essa prática, de apresentar e discutir os critérios com os alunos é extremamente rica. Por um lado, garante que eles sejam realmente compreendidos e, por outro, oferece oportunidades para que os alunos sugiram alterações. Sim, é isso mesmo! Os alunos podem sugerir modificações nos critérios de avaliação, o que não significa deixar de levar em conta os objetivos que os originaram. Esta prática demonstra a postura dialógica do professor, aproximando-o do modo de pensar e sentir da turma, o que favorece o estabelecimento de uma relação professor-aluno mais qualificada e respeitosa. E este tipo de relação tende a impulsionar a aprendizagem.

Mas, voltando aos critérios de avaliação, eles devem ser descritos de maneira explícita, compreensível, e não podem ser apenas "decorativos". Dito de outro modo, eles devem direcionar as ações avaliativas. De nada adianta expor e esclarecer os critérios e solicitar atividades avaliativas incoerentes com eles. Vamos a um exemplo:

Suponha que um dos critérios de avaliação discutidos com uma turma é:

> Argumentar a favor da urbanização sustentável como estratégia para favorecer a qualidade de vida e evitar desastres ambientais e a proliferação de doenças.

Para atender a este critério o aluno deverá ter entendido os conceitos de urbanização sustentável, compreendido a relação entre ela e possíveis desastres ambientais e proliferação de doenças. Precisará ainda saber que desastres ambientais ou que tipos de doenças podem advir de uma urbanização predatória (não sustentável). Mas, isso não basta, espera-se que o aluno argumente a favor da urbanização sustentável, o que implica em espaço para escrever ou falar, dissertar.

Então, espera-se que os instrumentos de avaliação utilizados deem espaço para isso. Podem assumir o formato de uma exposição oral (individual ou em grupo), de apresentação de um cartaz ou maquete que represente formas de urbanização sustentável ou, ao contrário, que represente a urbanização predatória e seus riscos, ou ainda, de uma questão discursiva. Para avaliar segundo o critério descrito, não cabe uma prova de múltipla escolha, por exemplo.

Os critérios de avaliação podem ser descritos em tabelas, o que facilita o acompanhamento pelo professor. Para compreender essa ideia, vamos analisar a tabela abaixo:

Acompanhamento da aprendizagem – alfabetização

Alunos

Critério/conteúdo	Arthur	Bernardo	Carlos	Deisi	Eliane	Fábio	Gerson	Helena	Irene
Lê palavras com o padrão consoante+vogal	+	+ -	+ -	+ -	+ -	+	+	-	+ -
Reconhece e escreve seu nome completo	+	+	+	+	+	+	+	-	+ -
Relaciona grafema e fonema	+	+ -	+	+	+ -	+	+	+ -	+ -
Reconhece todas as letras do alfabeto	+	+	+	+	+	+	+	+	+
Escreve palavras com o padrão consoante+vogal (alfabeticamente)	+ -	+ -	+ -	+ -	+ -	+	+ -	-	-

Legenda:

Domina	+
Não domina	-
Em processo	+ -

Neste exemplo descrevemos na primeira coluna o que é esperado de uma turma de alfabetização numa determinada etapa. Nas próximas colunas, temos o nome de cada um dos alunos. Se o professor tiver em mãos esta tabela no momento em que os alunos estão, por exemplo, fazendo alguma atividade em seus cadernos, poderá circular pela sala anotar o que observa em relação a cada criança. Ao observar a escrita de seus alunos poderá, por exemplo, anotar se Deisi já escreve no padrão consoante+vogal ou ainda usa o padrão silábico. Em outro dia, ao pedir que cada criança leia um pedaço de um livro de histórias, poderá anotar se Carlos já domina ou não a leitura de palavras que tenham esse mesmo padrão (consoante+vogal).

Obviamente não estamos sugerindo que o professor passe o tempo todo apenas anotando o desempenho de seus alunos, mas com certeza, ter clareza do que observar, é essencial. No caso do nosso exemplo, olhando a tabela na horizontal, o professor terá o painel da turma, ou seja, consegue visualizar rapidamente quantos e quais alunos já dominam determinado conceito, habilidade ou atitude. Se olhar a tabela na vertical, consegue ter o panorama dos avanços e dificuldades de cada aluno. Poderá perceber, por exemplo, que Helena precisa de um atendimento mais próximo, pois ainda não conseguiu aprender a maioria do que foi previsto para aquele período.

Sugerimos que esta tabela seja preenchida a lápis, podendo ser alterada o tempo todo, pois principalmente quando lidamos com crianças, as coisas mudam muito rapidamente. Se hoje Helena ainda tem dificuldades para reconhecer e escrever seu nome completo, isso pode rapidamente ser alterado após uma intervenção do professor e daqui a uma semana o resultado já será outro. Como o objetivo é acompanhar o processo para poder adequar as ações, de nada adianta ter uma "fotografia" da turma de duas semanas atrás. É preciso, em novas observações ou por meio do uso de instrumentos de avaliação, continuar verificando os progressos e alterando os dados que constam na planilha. Ela será muito útil também quando o professor for planejar as atividades de recuperação, pois permite distinguir quais são os conteúdos a serem retomados.

A partir da segunda metade do ensino fundamental (6º ao 9º ano) e no decorrer do ensino médio, além dos critérios definidos para uma etapa (como, por exemplo, um bimestre), também é interessante elaborar critérios para atividades específicas e discuti-los com os alunos.

Vamos a um exemplo!

Vamos nos imaginar como professores de história, lecionando para o 6º ano. Na BNCC (p. 421), localizamos, dentre outras, as seguintes determinações para este ano:

UNIDADE TEMÁTICA	Trabalho e as formas de organização social e cultural
OBJETOS DE CONHECIMENTO	O papel da mulher na Grécia e em Roma, e no período medieval
HABILIDADES	Descrever e analisar os diferentes papéis sociais das mulheres no mundo antigo e nas sociedades medievais.

Vamos supor que, após trabalhar outros aspectos relacionados ao trabalho e à organização social e cultural na antiguidade e na idade média, conteúdo com seus estudantes, propusemos aos nossos alunos uma atividade em grupos.

Dividimos a turma em 3 equipes sendo que cada uma terá como tarefa pesquisar o papel da mulher em um dos espaços/tempo indicados pela BNCC. Assim, uma equipe pesquisará o papel da mulher na Grécia, outra em Roma e a última equipe se dedicará a compreender como era no período medieval. Mas não basta dizer aos alunos "pesquisem sobre o papel de mulher", pois raramente eles saberão o que fazer.

Então, vamos combinar com eles o que deve ser feito (originará os critérios de avaliação desta atividade). Vamos acertar com a turma os pontos que deverão tentar descobrir, como, por exemplo, se as mulheres tinham liberdade de ir e vir, se tinham acesso à educação, se desempenhavam profissões, como era a relação com os homens (pais, maridos), como era a relação com a vida familiar e a maternidade etc. Também vamos sugerir que cada equipe busque, além do que foi combinado, biografia de pelo menos uma mulher importante e curiosidades sobre a vida das mulheres na época pela qual ficou responsável.

A seguir, vamos sugerir alguns locais (livros, sites, filmes etc.) em que as equipes localizarão as informações e definir o que deverá ser feito com as informações coletadas. Neste caso, deverão elaborar um cartaz (que deverá ser pequenos textos e imagens) intitulado "O papel das mulheres na época X". Este cartaz deverá ser apresentado oralmente para os demais colegas da classe.

Também será necessário orientar em relação a como elaborar um cartaz (cor e tamanho de letras, por exemplo) e como agir durante a apresentação (tom de voz, postura etc.) Percebeu como na escola não trabalhamos apenas conceitos? A habilidade de elaborar um cartaz, de apresentar o conteúdo também são objeto de aprendizagem por parte dos alunos e precisam ser ensinados. Afinal, ninguém nasce sabendo falar em público, por exemplo.

Observe que se este trabalho for explicado e discutido cuidadosamente ele já nos dá os critérios de avaliação. Estes podem ser sistematizados numa lista ou em forma de planilha, para orientar os alunos (assim eles conhecem a regra do jogo) e o professor.

Uma possibilidade seria esta:

Trabalho sobre o papel das mulheres - 6º ano				
Equipe:				
Tema: Grécia ( ) Roma ( ) Idade Média ( )				
Primeira parte: conteúdo conceitual				
Durante a apresentação a equipe abordou...		Sim	Não	Observações
A vida das mulheres dentro do lar?				
A relação das mulheres com os homens?				
As profissões exercidas pelas mulheres/não possibilidade de exercerem profissões?				
A relação com a maternidade?				
O acesso à educação?				
A biografia de pelo menos uma mulher que se destacou?				
Pelo menos uma curiosidade sobre a vida das mulheres nessa época?				
Segunda parte: habilidades na elaboração do cartaz e na apresentação				
As letras no cartaz tinham um tamanho legível à distância?				
As imagens selecionadas estavam adequadas?				
Todos se envolveram na apresentação?				
A fala foi clara, audível?				

A coluna das observações é muito importante numa planilha como esta, pois é o espaço onde podemos anotar coisas importantes sobre o desempenho de algum dos membros da equipe, por exemplo. Isso será de grande valia quando formos dar o retorno para a equipe após a realização da apresentação.

Esta planilha pode ser entregue aos alunos já ao final da explicação da atividade e os acompanhará no decorrer da pesquisa, da elaboração do cartaz e da apresentação. Se desejarmos, podemos inclusive definir valores para cada elemento, dando origem a notas.

Outro ponto interessante ao deixarmos bem claros os critérios de avaliação de uma atividade é podermos explicar com clareza aos alunos ou a seus pais como foi gerado um resultado (nota). É muito mais fácil explicar que faltou abordar o item X e que, portanto, a nota não será a máxima do que simplesmente dizer: vocês tiraram 70. Esse número não informa nada, os alunos continuam não sabendo o que faltou, porque não conseguiram o almejado 100. Mas analisando com cada equipe, após a apresentação, cada um dos critérios indicados, podemos desenvolver neles a tão desejada autonomia intelectual.

Com a implantação da BNCC as escolas precisaram adequar seus projetos político-pedagógicos e provavelmente têm como base as unidades temáticas, objetos de conhecimento e habilidades por ela determinadas.

Se você percorrer a BNCC, verificará que em cada uma das áreas do conhecimento já há indicativos em relação às expectativas de aprendizagem para cada etapa, que nos indicam claramente como orientar o ensino e também oferecem referências para elaboração dos critérios de avaliação.

Selecionamos aleatoriamente alguns trechos para exemplificar:

Educação Infantil:

OBJETIVOS DE APRENDIZAGEM E DESENVOLVIMENTO		
Bebês (zero a 1 ano e 6 meses)	Crianças bem pequenas (1 ano e 7 meses a 3 anos e 11 meses)	Crianças pequenas (4 anos a 5 anos e 11 meses)
(EI01TS01) Explorar sons produzidos com o próprio corpo e com objetos do ambiente.	(EI02TS01) Criar sons com materiais, objetos e instrumentos musicais, para acompanhar diversos ritmos de música.	(EI03TS01) Utilizar sons produzidos por materiais, objetos e instrumentos musicais durante brincadeiras de faz de conta, encenações, criações musicais, festas.

Matemática, 1º ano:

UNIDADES TEMÁTICAS	OBJETOS DE CONHECIMENTO	HABILIDADES
Números	Contagem de rotina Contagem ascendente e descendente Reconhecimento de números no contexto diário: indicação de quantidades, indicação de ordem ou indicação de código para a organização de informações	(EF01MA01) Utilizar números naturais como indicador de quantidade ou de ordem em diferentes situações cotidianas e reconhecer situações em que os números não indicam contagem nem ordem, mas sim código de identificação.
	Quantificação de elementos de uma coleção: estimativas, contagem um a um, pareamento ou outros agrupamentos e comparação	(EF01MA02) Contar de maneira exata ou aproximada, utilizando diferentes estratégias como o pareamento e outros agrupamentos. (EF01MA03) Estimar e comparar quantidades de objetos de dois conjuntos (em torno de 20 elementos), por estimativa e/ou por correspondência (um a um, dois a dois) para indicar "tem mais", "tem menos" ou "tem a mesma quantidade".

Retirado da BNCC, versão PDF, p. 278.

Geografia, 7º ano:

UNIDADES TEMÁTICAS	OBJETOS DE CONHECIMENTO	HABILIDADES
O sujeito e seu lugar no mundo	Ideias e concepções sobre a formação territorial do Brasil	**(EF07GE01)** Avaliar, por meio de exemplos extraídos dos meios de comunicação, ideias e estereótipos acerca das paisagens e da formação territorial do Brasil.
Conexões e escalas	Formação territorial do Brasil	**(EF07GE02)** Analisar a influência dos fluxos econômicos e populacionais na formação socioeconômica e territorial do Brasil, compreendendo os conflitos e as tensões históricas e contemporâneas. **(EF07GE03)** Selecionar argumentos que reconheçam as territorialidades dos povos indígenas originários, das comunidades remanescentes de quilombos, de povos das florestas e do cerrado, de ribeirinhos e caiçaras, entre outros grupos sociais do campo e da cidade, como direitos legais dessas comunidades.
	Características da população brasileira	**(EF07GE04)** Analisar a distribuição territorial da população brasileira, considerando a diversidade étnico-cultural (indígena, africana, europeia e asiática), assim como aspectos de renda, sexo e idade nas regiões brasileiras.
Mundo do trabalho	Produção, circulação e consumo de mercadorias	**(EF07GE05)** Analisar fatos e situações representativas das alterações ocorridas entre o período mercantilista e o advento do capitalismo. **(EF07GE06)** Discutir em que medida a produção, a circulação e o consumo de mercadorias provocam impactos ambientais, assim como influem na distribuição de riquezas, em diferentes lugares.
	Desigualdade social e o trabalho	**(EF07GE07)** Analisar a influência e o papel das redes de transporte e comunicação na configuração do território brasileiro. **(EF07GE08)** Estabelecer relações entre os processos de industrialização e inovação tecnológica com as transformações socioeconômicas do território brasileiro.
Formas de representação e pensamento espacial	Mapas temáticos do Brasil	**(EF07GE09)** Interpretar e elaborar mapas temáticos e históricos, inclusive utilizando tecnologias digitais, com informações demográficas e econômicas do Brasil (cartogramas), identificando padrões espaciais, regionalizações e analogias espaciais. **(EF07GE10)** Elaborar e interpretar gráficos de barras, gráficos de setores e histogramas, com base em dados socioeconômicos das regiões brasileiras.
Natureza, ambientes e qualidade de vida	Biodiversidade brasileira	**(EF07GE11)** Caracterizar dinâmicas dos componentes físico-naturais no território nacional, bem como sua distribuição e biodiversidade (Florestas Tropicais, Cerrados, Caatingas, Campos Sulinos e Matas de Araucária). **(EF07GE12)** Comparar unidades de conservação existentes no Município de residência e em outras localidades brasileiras, com base na organização do Sistema Nacional de Unidades de Conservação (SNUC).

Retirado da BNCC, versão navegável, Disponível em: http://basenacionalcomum.mec.gov.br/abase/#fundamental/geografia-no-ensino-fundamental-anos-finais-unidades-tematicas-objetos-de-conhecimento-e-habilidades

Para saber mais:

LUCKESI, C. Critérios para a avaliação da aprendizagem. Disponível em

http://luckesi.blogspot.com/2014/09/criterios-para-avaliacao-da-aprendizagem.html

LUCKESI, C. Ainda sobre critérios de avaliação da aprendizagem. Disponível em

http://luckesi.blogspot.com/2014/09/ainda-sobre-criterios-de-avaliacao-da.html

MILESKI, V. Critérios de avaliação: análise crítico-reflexiva da teoria à prática, dicotomias, limites e possibilidades. Disponível em

http://www.diaadiaeducacao.pr.gov.br/portals/cadernospde/pdebusca/producoes_pde/2013/2013_uepg_ped_pdp_valquiria_maria_rausis.pdf

CAPÍTULO 7
ESTRATÉGIAS E INSTRUMENTOS DE AVALIAÇÃO: ELABORAÇÃO E USO

Até aqui defendemos a importância da avaliação como elemento constituinte do processo ensino-aprendizagem, como bússola para que os envolvidos possam se movimentar em direção ao objetivo final: a aprendizagem! Mas talvez você esteja se perguntando como "fazer na prática" e este é o conteúdo deste capítulo.

Por melhor que seja o professor não é possível avaliar o processo da turma e de cada um dos alunos sem organizar um processo estruturado de avaliação e isso implica em definir estratégias e instrumentos para este fim. Não se trata, porém, de escolher a esmo ou por preferência pessoal, é preciso analisar qual deles é o mais adequado para cada conteúdo[15], faixa etária, objetivos.

Luckesi (2020) afirma em seu blog que "um instrumento de coleta de dados para a avaliação, desde que elaborado com adequação epistemológica (...), terá o mérito de nos subsidiar, como educadores, no investimento efetivo na aprendizagem de nossos estudantes".

Portanto, utilizar estratégias e instrumentos de avaliação não só é necessário como é importante. Porém, antes de continuar vamos explicar porque usamos sempre os dois termos: estratégias e instrumentos.

---
15 Na BNCC os conteúdos são denominados objetos de aprendizagem

Entendemos aqui as estratégias de avaliação como ações planejadas pelo professor para este fim que podem ou não utilizar um instrumento. A observação, por exemplo, é uma estratégia de avaliação e poderá ser realizada sem o uso de instrumentos. Mas, para que alcance maior fidedignidade o professor poderá, por exemplo, utilizar uma tabela (como já sugerimos anteriormente). Já os instrumentos de avaliação tendem a ser mais estruturados, como, por exemplo, um teste.

Mais importante do que diferenciar estratégias de instrumentos, o essencial é escolher o mais adequado a cada situação. Luckesi (2020) sugere como primeiro passo para nortear o professor nesse processo, consultar o mapa de conteúdos e habilidades trabalhados em sala de aula. Segue um exemplo, da área de biologia:

Objetivo	Comparar as ideias evolucionistas de Lamarck e Darwin apresentadas em textos científicos e históricos, identificando semelhanças e diferenças entre essas ideias e sua importância para explicar a diversidade biológica.
Conteúdos	Semelhanças e diferenças entre os seres vivos: mudança e evolução. Ideias evolutivas: Lamarck, Darwin e Wallace. Ideias evolutivas: aproximações e divergências
Critérios	Diferencia mudança e evolução? Cita as ideias principais de cada uma das 3 teorias? Descreve as aproximações entre as 3 teorias? Descreve as aproximações entre as 3 teorias? Estabelece relações entre a evolução e a diversidade dos seres vivos?
Possíveis instrumentos	Análise de textos indicando a qual teoria eles se adequam Elaboração de quadro comparativo entre as 3 teorias Produção de texto relacionado evolução e diversidade biológica

A escolha das estratégias e instrumentos de avaliação vai levar em conta também se determinado conteúdo é conceito ou fato, atitude ou procedimento, pois cada um deles exige um olhar diferente do outro.

Essas três categorias de conteúdo são descritas por Zabala (1998), para quem os conteúdos conceituais são os que fornecem a base para que possamos compreender o mundo, pois nos permitem operar o pensamento. Um exemplo é o conceito de multiplicação (soma sucessiva de parcelas iguais). Já os conteúdos procedimentais dizem respeito ao "saber fazer", ou seja, operar com os conceitos. Continuando o exemplo da multiplicação, o algoritmo (o modo como se faz para resolver uma multiplicação) é o conteúdo procedimental. Depois de compreender o conceito de multiplicar, é preciso aprender o procedimento para resolver este tipo de operação matemática. Finalmente, o autor se refere a conteúdos atitudinais, que são os que estão relacionados à formação de atitudes e valores em relação aos conteúdos aprendidos. Seu desenvolvimento se dá em todos os momentos da vida, pois nossos valores são construídos com base em nossas vivências familiares, religiosas etc. Mas também são trabalhados na escola e permitem que o aluno (cidadão) se posicione frente ao mundo. Na questão da multiplicação poderíamos citar a importância de usar esta e outras operações matemáticas de forma ética quando, por exemplo, formos calcular o percentual de aumento ou desconto na compra de um produto.

A BNCC já nos dá um importante direcionamento nesse sentido e as redes de ensino se baseiam nela para direcionar o currículo das escolas. Veja um exemplo: No que se refere à área do conhecimento de Ciências, no 2º ano do ensino fundamental, a BNCC define (dentre outras) a unidade temática Matéria e Energia. A partir dessa determinação, a Rede Municipal de Ensino de Curitiba elaborou a seguinte orientação para o 1º trimestre do ano letivo.

No trecho que selecionamos é possível observar conceitos (propriedades e uso dos materiais) e atitudes (evitar o desperdício de materiais).

Ciências – 2º ano – 1º trimestre

OBJETIVOS	• Identificar de que materiais são feitos os objetos que fazem parte da vida cotidiana, como esses objetos são utilizados e com quais materiais eram produzidos no passado. • Propor o uso de diferentes materiais para a construção de objetos de uso cotidiano, tendo em vista algumas propriedades desses materiais. • Compreender a importância de evitar o desperdício de materiais na produção de objetos de uso cotidiano. • Identificar tecnologias que contribuem para Minimizar os problemas ambientais. • Discutir os cuidados necessários à prevenção de acidentes domésticos.
CONTEÚDOS	• Propriedades e uso dos materiais. • Materiais de que são feitos alguns objetos utilizados no cotidiano: papel, vidro, madeira, metal e plástico. • Prevenção de acidentes domésticos.

CRITÉRIOS DE ENSINO-APRENDIZAGEM	• Identifica os materiais (metais, madeira, vidro etc.) de que são feitos os objetos que fazem parte da vida cotidiana, como são utilizados e com quais materiais eram produzidos no passado (materiais de que eram feitos os brinquedos, materiais escolares, roupas, talheres, pratos, copos, dentre outros) comparados aos materiais de que são feitos nos dias de hoje. • Propõe o uso de diferentes materiais para a construção de objetos de uso cotidiano, tendo em vista algumas propriedades desses materiais, como: flexibilidade, dureza, transparência etc. (quais são os melhores materiais para absorver água ou quais são impermeáveis; situações em que usamos o vidro, o plástico e o ferro, entre outros). • Compreende a importância de evitar o desperdício de materiais na produção de objetos de uso cotidiano. • Identifica tecnologias que contribuem para minimizar os problemas ambientais (reciclagem do vidro, do papel, do metal e do plástico, entre outros). • Discute os cuidados necessários à prevenção de acidentes domésticos (objetos cortantes e inflamáveis, eletricidade, produtos de limpeza, Medicamentos etc.).

Extraído de: Secretaria Municipal de Educação de Curitiba: Currículo do ensino fundamental, diálogos com a BNCC (1º ao 9º ano). Disponível em: https://mid-educacao.curitiba.pr.gov.br/2021/8/pdf/00306963.pdf

Observando a coluna dos critérios de ensino-aprendizagem, temos indicativos de que tipo de estratégia e/ou instrumento de avaliação podemos usar. Será que para coletar dados sobre o quanto as crianças compreenderam a necessidade de tomar cuidados para prevenir acidentes domésticos é preciso aplicar uma prova? Ou será que a elaboração de um texto é adequada? Neste caso, as crianças já têm autonomia de escrita para tanto? Ou ainda, será que solicitar um registro em desenho seria o melhor? Ou um debate em sala de aula... Estas (e outras) são algumas das questões que o professor poderia se fazer antes de definir a melhor estratégia de avaliação.

Com certeza, eleger as estratégias e instrumentos de modo que realmente coletem informações sobre a aprendizagem (e não apenas cumpram um ritual burocrático) é uma ação que precisa ser consciente. Tendo em vista contribuir para a formação integral do aluno, os instrumentos deveriam atender a algumas características. Descreveremos algumas delas:

a) Favorecer o raciocínio e não apenas a memorização, pois lembrar o conceito é apenas o primeiro passo na aprendizagem e não garante que ele tenha sido compreendido ou ainda que seja utilizado para compreender e/ou intervir na realidade. A ação de intervir na realidade é, por exemplo, ser capaz de operar com o conceito para resolver algum problema, seja real ou criado para fins didáticos.

b) Sempre que possível, configurar-se como situação problema a ser resolvida, favorecendo o raciocínio, e, por outro lado, diminuindo o risco de reprodução sem compreensão ou mesmo, de "cola".

c) Permitir que o aluno reflita, organize o conhecimento e expresse o pensamento.

d) Possibilitar ao aluno a compreensão das expectativas (critérios) que serão utilizados na correção por parte do professor. Desse modo o aluno realiza o solicitado tendo compreendido o que se espera e não apenas reproduz algo que memorizou, muitas vezes, sem compreender.

e) Permitir que o professor, no momento da correção, identifique qual foi o raciocínio do aluno, quais as estratégias de resolução ele utilizou. Desse modo é possível perceber, por exemplo, em que etapa da resolução de um problema matemático o aluno se equivocou, permitindo o planejamento das próximas ações de ensino.

f) Expor com muita clareza o que se espera do aluno, ou seja, revele o que e como se pretende avaliar.

Infelizmente, até por falta de conhecimento de quais poderiam ser os instrumentos e estratégias possíveis, a tendência é utilizar provas e testes, mesmo quando eles não dão conta de coletar os dados de que precisamos para realizar a avaliação.

Existem várias estratégias e instrumentos de avaliação, mas seu uso precisa ser pensado à luz dos objetivos e do conteúdo proposto, bem como da faixa etária dos alunos. A observação, por exemplo, é bastante indicada para a educação infantil, já a aplicação de testes se faz mais presente no ensino médio. Mas, quais são as principais estratégias e instrumentos de avaliação? Os autores se referem a alguns, que descreveremos brevemente a seguir.

7.1. OBSERVAÇÃO

A observação permite que o professor registre um comportamento ou desempenho durante o processo, de forma imediata ou em prazo curto de tempo. Uma de suas vantagens é fornecer dados sobre a aprendizagem quase que imediatamente, quando, por exemplo, o professor circula pela sala observando a resolução de um exercício ou atividade pelos alunos. Ao perceber que vários estão errando num ponto específico, o professor pode, imediatamente, pedir a atenção de todos e retomar o assunto, evitando que o erro se consolide.

Mas para além dessa ação informal, a observação pode também se constituir numa estratégia formalizada de coleta de dados para avaliação. Nesse caso, para que seja efetiva, precisa ocorrer de forma direta e sequencial, proporcionando continuidade. Sant'Anna (1995) nos lembra que é importante também delimitar bem o que será observado, para não sermos desviados do objetivo de aprendizagem em questão por outros elementos. Sugere ainda que, sempre que possível, devemos registrar nossas observações imediatamente, "a fim de evitar erros de memória ou serem perdidas coisas importantes". (SANT'ANNA, 1995, p. 103)

Para diminuir o risco de perder informações relevantes ou se deixar levar por outros aspectos (que podem até ser importantes, mas não são o objeto da observação em curso) é interessante ter um roteiro ou um *checklist* para nortear o professor.

Na educação infantil a observação é uma das principais estratégias de avaliação e seu registro é realizado em anedotários[16] ou, mais recentemente e devido à possibilidade de uso do celular, por meio de fotografias.

A autora nos alerta ainda que a observação tem limites, como, por exemplo, o fato de nem sempre ocorrerem, enquanto estamos observando, os comportamentos que estamos esperando. Colocando isso num exemplo de sala de aula, vamos imaginar que o professor observe as respostas de cada aluno durante um debate para, com base nelas, verificar se determinado conceito foi apropriado. E se o aluno X não se manifestar? Ou ainda, se falar várias coisas relevantes, mas não se referir ao conceito que o professor está desejando verificar? Por isso a observação, por si só, não basta para avaliar a aprendizagem de uma turma e/ou aluno.

---

16 Anedotário é uma descrição breve e objetiva de fatos, incidentes e acontecimentos significativos, tal como ocorrem. (SANT'ANNA, 1995, p. 109)

7.2. PORTFÓLIO

O portfólio é muito usado por empresas, artistas e outros profissionais para mostrarem seus trabalhos a possíveis clientes. Quando usado para esse fim, ele é uma reunião dos melhores trabalhos realizados por essa pessoa, com o objetivo de servir como "vitrine". Assume, portanto, o papel de arquivo, de "portar folhas" com a intenção de apresentar um percurso.

Ele adentrou os espaços escolares com o objetivo de ressignificar o processo de construção e avaliação do conhecimento. Quando usado com essa intenção, ele é um conjunto de diferentes tipos de documentos produzidos pelo estudante no decorrer de um tempo e que demonstram seu processo de aprendizagem. Para HOFFMANN (2002, p. 201) o portfólio é a "organização de uma coletânea de registros sobre aprendizagens do aluno que favoreçam ao professor, aos próprios alunos e às famílias uma visão evolutiva do processo". Dependendo da área de conhecimento e dos objetivos em questão, o portfólio pode conter atividades realizadas em sala, reflexões do aluno sobre um dos conteúdos, fichamentos de textos, gráficos, gravuras, ensaios, relatórios, resenhas, fotos, recortes etc.

É muito importante realçar que não se trata de uma coleção de atividades reunidas sem um fim específico. O portfólio é organizado pelo aluno, no decorrer de um determinado período de tempo, sob orientação do professor e deve demonstrar o processo de aprendizagem. Ele tem o papel de expressar o caminho percorrido, as aprendizagens consolidadas ou em processo.

O portfólio acompanha o processo, é, por isso mesmo, sempre inacabado. Isso não impede, no entanto, que de tempos em tempos ele seja analisado pelo professor com o objetivo de avaliar a aprendizagem. Como é o aluno que organiza o portfólio, que seleciona o que será incluído a partir do que foi acertado com o professor, ele traz em si a possibilidade de contribuir para o desenvolvimento da autonomia. Portanto, implica o aluno em sua aprendizagem.

Para organizar um portfólio o aluno precisa ser orientado pelo professor acerca dos objetivos desta atividade, assim poderá selecionar as atividades, tarefas, trabalhos, que julgar serem os mais adequados. Nos níveis mais avançados (ensino médio) pode-se solicitar ao aluno que reflita sobre cada elemento anexado, registrando esta reflexão ao portfólio. Esta reflexão sobre o processo pode contribuir para que o aluno compreenda seu processo de aprendizagem, localize aspectos nos quais tem dúvidas.

Tendo em vista a facilidade dos alunos lidarem com a linguagem midiática, os portfólios podem ser também em meio eletrônico, constituindo, por exemplo, um blog[17].

Após a elaboração do portfólio, em data acordada entre professor e alunos, ele será entregue. Sempre que possível, é interessante que o aluno tenha a oportunidade de expor, explicar seu portfólio ao professor, mas quando isso for inviável é essencial que haja clareza de ambos (professor e alunos) do que será considerado. A análise do portfólio se dará de acordo com as características da faixa etária e dos objetivos em tela, sendo aconselhável ter em mãos os critérios de avaliação. Insistimos nesse aspecto, o da clareza dos critérios, pois como os portfólios não seguirão todos o mesmo padrão (devem dar espaço para a autonomia do aluno), há sempre o risco da avaliação perder objetividade.

---

17 Os blogs vêm crescendo muito na atualidade e constituem-se como sites pessoais fáceis de configurar e que permitem a inserção e atualização rápida de conteúdos em diversos formatos.

7.3. TRABALHOS EM GRUPO

Além de ser uma estratégia de ensino, o trabalho em grupos pode se constituir em possibilidade de avaliação, principalmente em relação a procedimentos, habilidades e atitudes. O trabalho em grupo permite a vivência e desenvolvimento de aspectos para os quais as atividades individuais não bastam. A interação, o compartilhamento de conhecimentos, a negociação, a argumentação, a divisão de tarefas de acordo com as habilidades de cada um, o planejamento coletivo para atingir um fim, são exemplos.

Para que realmente contribua no desenvolvimento dessas habilidades o trabalho em grupo precisa ser bem orientado pelo professor. É preciso explicar os objetivos do trabalho, as ações que deverão ser executadas e como, além de exercer supervisão discreta às equipes e oferecer *feedback* no decorrer do desenvolvimento das atividades. Também pode ser necessário estimular a cooperação e o trabalho coletivo (os alunos precisam desenvolver a habilidade de trabalhar em grupos, não "nascem sabendo"), principalmente quando alguns alunos assumem papel predominante e outros tendem a permanecer mais passivos. Nesse sentido, talvez apareçam conflitos (faz parte do aprender a trabalhar em equipe) que precisam ser minimizados pelo professor. Como todo trabalho em equipes tem um resultado final (texto escrito, maquete, apresentação oral, elaboração de um jogo, realização de experiência etc.) é preciso também deixar bem claro qual deve ser o "produto", assessorando sua elaboração.

Talvez você esteja se perguntando porque estamos discorrendo sobre ações de orientação às equipes ao invés de focar na avaliação. Acontece que a avaliação será decorrência dos aspectos acima descritos, as equipes só poderão ter sucesso se souberem claramente o que se espera e como atingir o esperado. É durante a explicação da atividade a ser realizada em equipe que serão expostos os critérios de avaliação que orientarão o professor durante e ao final da execução do trabalho em equipes. Isso porque, em termos de procedimentos e atitudes, o processo de cada equipe é que oferecerá elementos para avaliação. Vamos imaginar a seguinte proposta de trabalho em equipes:

> Elaborar uma maquete da sala de aula, utilizando os conteúdos relativos à escala numérica, propondo uma alteração com vistas a promover a melhoria da aprendizagem neste mesmo espaço.

As equipes precisarão discutir como elaborarão a maquete, como farão para medir o espaço, que escala usarão para representar a sala de maneira fidedigna, que materiais utilizarão para representá-la, que mudança proporão, quem vai fazer o quê... São várias decisões que implicam em negociação, argumentação e planejamento e estas habilidades só podem ser observadas no decorrer do processo. Também a realização do que foi planejado (procedimento de montagem da maquete), como, por exemplo, o cálculo correto dos tamanhos com base na escala escolhida, pode ser observado durante a execução. Mais uma vez, sugerimos que o professor tenha em mente uma ficha de observação para registrar os dados coletados.

Além da avaliação do processo, o produto final (maquete) também pode ser elemento de avaliação. A partir dos elementos solicitados em nosso exemplo o professor poderá avaliar o uso correto da escala numérica e a adequação da proposta de alteração do espaço feita pela equipe. Provavelmente a esta altura você já concluiu que a equipe precisará explicar a proposta de alteração do espaço, ajudando o professor a compreendê-la. É isso mesmo, a avaliação como processo formativo implica em diálogo, sempre com o objetivo de melhorar a aprendizagem, o que não impede a objetividade no resultado. Vamos a um exemplo estapafúrdio. Imaginemos que uma equipe proponha como alteração do espaço a eliminação das carteiras e sua substituição por *puffs* e videogames. Por mais que argumentem em prol de sua sugestão, provavelmente ela não atende ao objetivo de facilitar a aprendizagem e, portanto, não será considerada pelo professor.

Em linhas gerais, para que a avaliação de trabalho em equipes seja fidedigna, é necessário, desde o início:

- Deixar clara a razão do trabalho
- Apresentar os objetivos que se pretende alcançar com sua execução
- Contextualizar o trabalho
- O trabalho deve ser em forma de problematização e não mera definição de um tema
- Estabelecer os limites e a extensão da atividade
- Orientar o planejamento e a execução
- Esclarecer qual será o "produto final"
- Explicar, desde o início, quais serão os critérios de avaliação

Talvez você já tenha percebido que, indiferente da estratégia ou instrumento de avaliação, o principal é a definição de critérios, que sejam claramente compreendidos pelos alunos. É isso mesmo!!!

7.4. PRODUÇÃO ESCRITA

A produção escrita é essencial para a aprendizagem e avaliação na língua portuguesa, mas não abordaremos aqui suas especificidades nesta área e sim, suas possibilidades como em instrumento de coleta de dados para avaliação em outras áreas do conhecimento.

Quando utilizada como instrumento de avaliação, a produção de texto pode assumir características diversas de acordo com a faixa etária, mas seu objetivo é permitir ao aluno a exposição do conhecimento adquirido sobre um tema ou problema predefinido.

Para que tenha mais sentido, a produção escrita deve ter função social, ou seja, assumir as características de textos realmente utilizados em sociedade, como, por exemplo, uma carta destinada a uma autoridade, um roteiro de viagem, um folder, uma notícia, um resumo, resenha, relatório etc. Podemos, por exemplo, em história, solicitar ao aluno que produza um folder sobre o Brasil no período de Getúlio Vargas, ou ainda, em ciências pedir que redija uma notícia sobre a importância da preservação da Amazônia.

Cada um desses gêneros precisa ser conhecido pelo aluno para que possa escrever com qualidade, é prudente fazer uma breve revisão em relação ao gênero solicitado quando for solicitada a elaboração de um texto.

É essencial lembrar que um texto não é produzido sem planejamento e revisão, é necessário revisar, reestruturar, reescrever antes de chegar à versão final. Por isso, quando for solicitado aos alunos, é preciso deixar claros os critérios de avaliação, bem como o prazo para elaboração e entrega. Dependendo da dimensão do texto solicitado pode-se inclusive solicitar entregas parciais, que serão corrigidas e permitirão a revisão e aperfeiçoamento antes da entrega final. Além disso, mesmo em outras áreas que não a de língua portuguesa, a produção de texto deve seguir a estrutura do gênero textual solicitado. Exemplificando: se foi solicitada a escrita de uma notícia, o aluno não pode entregar um resumo.

De maneira geral os critérios de avaliação de uma produção escrita se referem aos seguintes pontos, que dependendo da faixa etária e do nível de ensino, cada um poderão se desdobrar em vários outros:

- Atender à finalidade do texto (gênero textual, interlocutor)
- Expressar as ideias com clareza (coerência e coesão)
- Expressar corretamente o conteúdo solicitado
- Elaborar argumentos consistentes

7.5. EXPOSIÇÃO ORAL

A exposição oral é muito utilizada em nossas escolas, mas muitas vezes sem o devido cuidado. Quando bem dirigida pelo professor, ela permite verificar a compreensão do aluno sobre determinado conteúdo, mas também coloca em ação outras habilidades, como falar em público, organizar as ideias para que a fala seja compreendida pelos ouvintes, elaborar material de apoio, dentre outras.

Como todas as demais estratégias avaliativas, a exposição oral precisa ser explicada anteriormente aos alunos, o que pode ser feito apresentando e discutindo os critérios de avaliação. O sucesso do resultado final depende de como a atividade for solicitada, o quanto ela é compreendida previamente pelos alunos. Exemplificando: apenas definir que o aluno (ou uma equipe) devem fazer uma apresentação sobre a obra e vida de Vincent Van Gogh, é demasiado amplo, podemos esperar apresentações detalhadas ou resumidas, com uso de apoio visual ou não, usando 5 minutos ou meia hora...

Para garantir que as apresentações atinjam um nível relativamente semelhante, permitindo avaliar com mais justiça, é preciso definir melhor o que se espera a partir dos objetivos e conteúdos definidos. Nesse sentido, nunca é demais lembrar que a escola não ensina apenas conceitos e fatos, mas também desenvolve procedimentos, habilidades e atitudes, indiferente de qual seja a área de conhecimento em questão. Todos os professores, sejam de história, matemática, língua portuguesa, educação física etc., têm responsabilidade por este desenvolvimento mais integral do aluno, o que ocorre no dia a dia, como, por exemplo, na explicação de como deve ser a apresentação oral.

Como em todos os demais instrumentos e estratégias de avaliação, sugerimos que o professor assista às apresentações tendo em mãos uma tabela em que estejam descritos os critérios, que giram em torno dos seguintes aspectos gerais, que devem ser ampliados, aprofundados de acordo com a faixa etária, nível de conhecimento, dentre outros:

- Domínio do conteúdo
- Adequação da linguagem
- Sequência lógica e clareza na apresentação
- Produção e uso de recursos de apoio à fala

Como geralmente as exposições orais são em equipes, é prudente estabelecer critérios relativos à forma de participação de cada um dos membros.

7.6. AUTOAVALIAÇÃO

A autoavaliação ajuda o aluno a analisar seu processo de aprendizagem e quando bem conduzida pode ser utilizada como um instrumento da avaliação formativa. Ela permite que o aluno analise "[...] o que já aprendeu, o que ainda não aprendeu, os aspectos facilitadores e os dificultadores do seu trabalho, tomando como referências os objetivos de aprendizagem e os critérios de avaliação [...]" (VILLAS BOAS, 2008, p. 51). É, portanto, uma ferramenta em prol do desenvolvimento da autonomia intelectual.

Como é possível perceber na citação, para ser capaz de autoavaliar-se o aluno precisa ter claros os objetivos de aprendizagem e os critérios de avaliação, portanto não basta entregar uma folha e pedir que ele escreva algo. Mais uma vez fica claro o quanto é essencial que os alunos compreendam os objetivos do ensino e o que se espera deles, elementos essenciais para que possa analisar seu próprio processo, os pontos em que está avançando bem e quais ainda precisam de maior dedicação.

Como a autonomia e a autopercepção do aluno ainda estão em desenvolvimento, é necessário conduzir a autoavaliação, seja por meio de uma conversa com a turma elencando os pontos que deverão ser levados em conta, seja pela proposição de algum tipo de questionário ou *checklist*.

Também devemos advertir que não se trata de o aluno conferir uma nota a si mesmo e sim, de levá-lo a refletir sobre seu processo, sempre com vistas a aprender mais e melhor.

7.7. SEMINÁRIO

No ensino médio é comum que os professores organizem seminários, que são estratégias de ensino que podem também se constituir como momentos avaliativos. Mas, para isso é preciso que compreendamos o que é e como se organiza o seminário, já que a compreensão acerca dele tende a ser equivocada.

Em muitos casos, ele é compreendido como uma sequência de apresentações orais sobre diferentes temas por parte dos alunos, eximindo o professor de "dar aula". Nada mais equivocado!

O seminário tem como base a ideia de discutir determinado tema, geralmente apresentando diferentes olhares sobre ele[18]. Por isso, o primeiro passo é a pesquisa, a leitura e a interpretação de dados, já que não há como debater um tema sem ter conhecimento sobre ele.

Para organizar um seminário de maneira que ele realmente atinja os objetivos, o professor precisa planejar esta atividade com muita atenção. É preciso conhecer o conteúdo de maneira aprofundada, para poder dirigir os debates e dirimir dúvidas que porventura surjam no decorrer deles.

Como o objetivo do seminário é garantir a diversidade de enfoques sobre o tema em questão, é comum que a turma seja dividida em equipes e cada uma delas fique responsável por estudar e compreender um aspecto, o que se dá, geralmente, por meio da leitura de textos diferentes. A indicação das fontes de pesquisa/leitura, muitas vezes é de responsabilidade do professor, para garantir que haja diversidade de olhares sobre o assunto em tela.

Como cada equipe leu materiais diversos, há uma etapa em que ocorre a apresentação oral do que cada equipe pesquisou,

---

18 Lembramos que a escola não é o espaço de trabalhar com a opinião e sim com o conhecimento elaborado.

mas o seminário não termina aí. A partir das apresentações tem início a discussão de ideias, na qual cada participante se posiciona, questiona, sempre de maneira fundamentada, os conhecimentos trazidos pelas diversas equipes. Como você já deve ter percebido, o seminário coloca em ação outras aprendizagens além dos conceitos, tais como:

1. Selecionar o que é essencial (durante a etapa de pesquisa) e deve ser comunicado oralmente.
2. Expressar-se oralmente com clareza.
3. Ouvir respeitosamente a fala do(s) colega(s).
4. Expor dúvidas ou posicionamentos diversos de maneira clara, concisa e respeitosa.
5. Argumentar com base em conhecimentos adquiridos.

É preciso ter cuidado para que o seminário seja uma discussão de ideias com o objetivo de construir coletivamente o conhecimento a partir de vários pontos de vista, evitando que se torne uma batalha entre opiniões ou equipes. Cabe ao professor intervir sempre que perceber algum movimento no sentido de perder o foco da atividade.

Também é prudente pensar em formas de garantir a atenção de toda a turma durante a apresentação do conteúdo por cada uma das equipes, pois infelizmente é comum o desinteresse nesta etapa. Para isso é possível propor questões que serão respondidas pelas apresentações, solicitar anotações, ou ainda colocar a turma no papel de, por meio de um *checklist*, avaliar alguns aspectos de cada apresentação.

Finalmente, é interessante propor alguma estratégia de consolidação do conhecimento após a conclusão do seminário, como uma produção textual, a resposta a uma questão integradora, a elaboração de afirmações sobre o conteúdo estudado, a formulação de novas questões que o estudo sugira, entre várias outras atividades que efetivamente necessitem da presença qualitativa do aluno para serem realizadas. (LIMA; GRILLO, 2010, p. 31).

Como você já deve ter percebido, é possível avaliar várias etapas do seminário, dependendo dos objetivos propostos. Pode-se avaliar a etapa de pesquisa e compreensão do conteúdo, a apresentação oral[19], a adequação das participações dos alunos que assistem às apresentações, a atividade de conclusão do seminário... Em todos os casos é importante, como em todas as estratégias de avaliação, que os alunos tenham clareza dos critérios de avaliação que balizarão o professor.

7.8. PESQUISA

Desenvolver a capacidade de buscar conhecimento é umas das tarefas da educação básica e a pesquisa é uma estratégia privilegiada para tal, inclusive para construir desde o início, a ideia que todos podem investigar sua realidade, desde que desenvolvam uma metodologia para tal.

Nesta etapa do ensino, a pesquisa consiste em consulta a fontes (geralmente livros e outros textos disponíveis em meio físico ou na internet) que propicia o contato do aluno com o que já foi escrito sobre determinado assunto. Não se trata, portanto, da pesquisa como produção de conhecimento novo para a humanidade, embora seja novo para o aluno.

---

19 Já abordamos este aspecto sugerindo inclusive alguns critérios.

A pesquisa está presente em nosso cotidiano, principalmente com o advento da internet e a facilidade trazida pela massificação dos celulares. Basta digitar um termo no Google e rapidamente teremos acesso a inúmeras páginas sobre ele. Mas, como já é chavão dizer, na internet há de tudo, desde informações corretas e éticas até seu contrário, demonstrando a importância de, não só usar a pesquisa como estratégia didática para a aprendizagem de conteúdos diversos, como também, ensinar a pesquisar.

A pesquisa escolar não pode se resumir à cópia, por isso precisa ser orientada pelo professor, que precisa, por exemplo, realizar uma seleção prévia de materiais que serão disponibilizados ou sugeridos como fonte.

Essa seleção prévia é essencial para garantir a adequação do material de pesquisa ao nível de compreensão da faixa etária e aos objetivos de aprendizagem. Depois que ele próprio tem clareza das fontes disponíveis e adequadas, o professor precisa orientar a pesquisa, deixando bem claro o que se pretende, o alcance e recorte desejado.

Acreditamos que para evitar a mera cópia, a forma mais interessante de solicitar uma pesquisa é pela proposição de uma situação problema, que contextualize o que deve ser "descoberto" e como pode ser "aplicado" na solução do desafio proposto. Portanto, a orientação inicial aos alunos é exatamente esta: contextualizar a atividade (qual o contexto em que se insere a pesquisa). A partir da contextualização será apresentada a questão problema, de maneira clara e objetiva, delimitando o foco da pesquisa. A seguir, virão as orientações acerca de como será o passo a passo e o produto final da pesquisa (pode ser um texto, maquete, apresentação oral etc.).

Se o produto final da pesquisa for um texto, será necessário também orientar os alunos em relação à formatação e ao plágio.

Isso se aplica desde o ensino fundamental, evitando que se desenvolva o hábito de utilizar ideias de outras pessoas sem lhes dar crédito. Obviamente o nível de exigência em relação a estes aspectos (formatação e plágio) deverão ser adequados à faixa etária em questão.

Os critérios de avaliação de uma pesquisa podem, grosso modo, ser divididos nas seguintes categorias:

- Conteúdo: correção das informações apresentadas, resolução da situação problema inicial.
- Forma: adequação às características do produto final solicitado.

Cada uma dessas grandes categorias deve ser desdobrada em critérios mais específicos, coerentes com cada pesquisa solicitada. A seguir você pode visualizar um exemplo de tabela de critérios para a correção de uma pesquisa. Selecionamos para este exemplo a área de educação física, 8º e 9º anos, conforme a BNCC. Uma das habilidades a desenvolver é a seguinte: *"(EF89EF05) Identificar as transformações históricas do fenômeno esportivo e discutir alguns de seus problemas (doping, corrupção, violência etc.) e a forma como as mídias os apresentam"*. (BNCC em PDF, p. 237)

A partir dela, o professor solicitou a seguinte pesquisa individual:

> Estamos aprendendo sobre os esportes de rede e faremos uma pesquisa sobre as mudanças que vêm ocorrendo neles no decorrer dos tempos. Para isso, você deve:
> - Escolher um dos esportes de rede que foram abordados em nossas aulas.
> - Pesquisar a história das olimpíadas, verificando:

-
    a. Desde quando este esporte está presente nestes jogos;
    b. Se houve mudanças nas regras, tempo de jogo, número de jogadores;
    c. Quais foram os argumentos para tais mudanças;
    d. Se houve mudanças nas expectativas quanto ao físico dos atletas no decorrer dos tempos.
- Compare com notícias (você pode localizar algumas na internet) sobre doping no esporte que você elencou para realizar esta pesquisa.
- Com base nesses elementos, reflita sobre a relação entre as mudanças nos níveis de exigência dos esportes de alto rendimento e doping.
- Com base em todos estes elementos, redija um texto no qual apresenta suas reflexões. Este texto deve ter a seguinte estrutura:

    a. Introdução (explique o objetivo do texto e o esporte escolhido);
    b. Desenvolvimento (relate suas descobertas sobre as mudanças ocorridas neste esporte desde que ele passou a fazer parte dos jogos olímpicos e a seguir apresente suas descobertas sobre o doping);
    c. Conclusão (apresente suas reflexões sobre a relação entre as mudanças nos níveis de exigência dos esportes de alto rendimento e doping).
- Quando tiver concluído o texto, escolha um título para ele. Lembre-se que o título deve anunciar o conteúdo do texto para quem for ler.
- Seu trabalho deve ser entregue no dia ___/___, seguindo os seguintes cuidados.

    a. Deve ser digitado em fonte Arial, fonte 12, espaçamento entre as linhas 1,5. Caso você não tenha acesso a um computador (lembre-se que na biblioteca há vários à sua disposição), pode escrever seu texto em papel almaço;
    b. Todas as fontes de consulta devem ser citadas, conforme o exemplo abaixo, já explicado em sala:

> *Pedro, treinador de vôlei há 25 anos, comenta que no decorrer das décadas vem aumentando a altura dos jogadores (Revista Veja, 2018, p. 15);*
>
> c. Se você desejar, pode incluir gravuras, mas sempre explicando de onde foram retiradas. Ex.: Gravura disponível no site https://br.pinterest.com/;
>
> d. Ao final do texto deve haver a listagem das fontes consultadas, seguindo o modelo de referências disponível no manual do aluno.

Como você já deve ter percebido, grande parte dos critérios de avaliação já estão definidos nas orientações acima, que foram entregues aos alunos por escrito no dia em que o professor explicou oralmente o trabalho, tirando todas as dúvidas. Para a correção, foi criada o seguinte *checklist:*

CRITÉRIOS DE CORREÇÃO DO TRABALHO ESCRITO SOBRE MUDANÇAS NOS ESPORTES DE REDE E SUA RELAÇÃO COM O DOPING				
Aluno: Turma:				
Critérios	Atende totalmente ao solicitado	Atende parcialmente ao solicitado	Não atende ao solicitado	Observações
Conteúdo (valor 7)				
Introdução: explica o objetivo do texto e o esporte escolhido	2	1	0	
Desenvolvimento: relata as mudanças ocorridas neste esporte desde que ele passou a fazer parte dos jogos olímpicos e apresenta a pesquisa realizada sobre o doping	2	1	0	
Conclusão: apresenta reflexões sobre a relação entre as mudanças nos níveis de exigência dos esportes de alto rendimento e doping	2	1	0	
Título adequado ao conteúdo	1	0,5	0	
Forma: (valor 3)				
Digitado em fonte arial 12, espaçamento 1.5 entre linhas, ou escrito de maneira legível em papel almaço	1	0,5	0	
Todas as fontes de consulta estão citadas conforme modelo (inclusive das gravuras)	1	0,5	0	
Referências bibliográficas de acordo com o manual do aluno	0,5	0,2	0	
A redação é clara, uso adequado da língua portuguesa.	0,5	0,3	0	
Nota final				

Observe que na tabela de avaliação o professor determinou alguns valores para cada critério, pois o trabalho solicitado originará uma das notas do bimestre. Você percebeu que ele deu um peso maior ao conteúdo, mas não deixou de levar em conta os outros elementos que precisam ser exercitados no decorrer da educação básica em todas as disciplinas?

Estando com essa planilha em mãos será bem mais fácil realizar a correção e determinar a nota (já que nosso sistema escolar a exige) do trabalho. Também será mais fácil para o aluno, quando receber o trabalho de volta, junto com a planilha, compreender em que acertou ou não, justificando as razões para determinada nota.

7.9. OUTRAS POSSIBILIDADES

Com o avanço das ferramentas tecnológicas, vem crescendo o uso de plataformas virtuais de ensino, impactando na avaliação. De maneira geral, não se trata de novas estratégias ou instrumentos e sim, sua adaptação a tais plataformas. O amplo uso dessas ferramentas (algumas planejadas para a educação e outras adaptadas) pode favorecer o caráter somatório e classificatório da avaliação, pois elas permitem que a tabulação dos resultados seja feita pelo próprio software. Por isso é essencial compreender que seu uso traz alguns avanços, mas também pode ser um grande retrocesso.

As atividades avaliativas nos ambientes virtuais tendem a focar na memorização de conceitos, diminuindo o espaço para que o aluno se posicione, exponha um pensamento mais complexo ou criativo. Isso ocorre porque os softwares são mais facilmente programados para tabularem respostas simples a perguntas bem específicas.

Por outro lado, se formos além das questões pré-formatadas, há várias possibilidades interessantes, principalmente se levarmos em conta que os alunos (em sua maioria) têm acesso desde muito cedo a celulares e computadores (o uso destes equipamentos pode ter um caráter motivador).

É possível, por exemplo, utilizar como estratégias de avaliação:

- Gravação de *podcast*[20] (áudio) sobre determinado tema ou como forma de registro de uma pesquisa
- Criação de pequenos vídeos, usando o celular, com os mesmos objetivos citados para o *podcast*
- Elaboração coletiva de texto usando, por exemplo, o *Google Docs*
- Criação de histórias em quadrinhos

Além dessas ferramentas é possível também criar QUIZZES[21] (jogos baseados em questionários), provas *online*, *webquests*[22], mas a única diferença em relação às provas em papel é o tipo de suporte (deixa de ser o papel para ser virtual). Portanto, para elaborar este tipo de atividade avaliativa você deverá seguir as orientações relativas à elaboração de questões de prova, que abordaremos a seguir.

---

20 Para saber mais sobre podcast, acesse https://www.brasildefatomg.com.br/2021/02/10/o-que-e-um-podcast-para-que-serve-conheca-algumas-sugestoes-de-programas
21 Sobre o uso do quiz na educação, você pode ler o artigo disponível no link http://sefarditas.net.br/ava/oficina_online/apren/quiz1.pdf
22 Segundo o site da Escola do Futuro, Webquest é uma atividade orientada para a pesquisa em que alguma, ou toda, a informação com que os alunos interagem provém de recursos na internet. (https://www.cpt.com.br/cursos-metodologia-de-ensino/artigos/webquest-o-que-significa-e-qual-a-sua-importancia-para-a-educacao)

Para saber mais:

RAMPAZZO, S. *Instrumentos de avaliação*: reflexões e possibilidades de uso no processo de ensino e aprendizagem. Londrina, PR: UEL, 2010. Disponível em

http://www.diaadiaeducacao.pr.gov.br/portals/cadernospde/pdebusca/producoes_pde/2010/2010_uel_ped_pdp_sandra_regina_dos_reis.pdf

LIMA, V. GRILLO, M., HARRES, J. Diferentes formas de expressão da aprendizagem. In: GRILLO, GESSINGER e FREITAS (org.). *Por que falar ainda em avaliação?* Porto Alegre: EDIPUCRS, 2010. Disponível em

http://atuaria.sites.uff.br/wp-content/uploads/sites/433/2018/08/porquefalaraindaemavaliacao.pdf

CAPÍTULO 8
AS PROVAS: UMA QUESTÃO À PARTE

As provas são os instrumentos de avaliação mais utilizados na escola, mas nem sempre elas são elaboradas com os devidos cuidados. Como em todas as outras estratégias ou instrumentos de avaliação, elaborar uma prova implica em planejamento prévio, levando em conta qual(is) o(s) objetivo(s) e conteúdos a serem avaliados. Quando falta essa clareza a tendência do professor é elaborar as questões "no escuro", o que dificulta a fidedignidade dos dados coletados. Vamos explicar melhor: se não for planejada levando em conta os conteúdos a serem avaliados e com qual objetivo, a prova não fornece elementos para que professor e alunos percebam o que foi ou não aprendido.

Vamos imaginar que determinado professor elabore uma prova bimestral folheando o livro didático, escolhendo trechos que ele julga importantes ou interessantes e, com base nisso, formule as questões. Será que desse modo o todo da prova vai abranger os conteúdos que devem ser avaliados tendo em vista ou objetivos pelos quais eles foram ensinados? É bem possível que não e, dessa forma, a prova "não avalia", ou seja, não oferece dados para a continuidade do processo ensino-aprendizagem.

Ter clareza dos objetivos e conteúdos é essencial também para escolher o tipo de questão (objetiva ou discursiva) a ser utilizada.

Vejamos, a título de ilustração, a área de História segundo a BNCC. Extraímos um trecho relativo ao 6º ano para nossa análise. Os objetos de conhecimento (conteúdos) descritos devem ser ensinados de modo que o aluno seja capaz de desenvolver determinadas habilidades (nós nomeamos e objetivos).

UNIDADES TEMÁTICAS	História: tempo, espaço e formas de registros.
OBJETOS DE CONHECIMENTO	As origens da humanidade, seus deslocamentos e os processos de sedentarização.
HABILIDADES	(EF06HI03) Identificar as hipóteses científicas sobre o surgimento da espécie humana e sua historicidade e analisar os significados dos mitos de fundação. (EF06HI04) Conhecer as teorias sobre a origem do homem americano. (EF06HI05) Descrever modificações da natureza e da paisagem realizadas por diferentes tipos de sociedade, com destaque para os povos indígenas originários e povos africanos, e discutir a natureza e a lógica das transformações ocorridas. (EF06HI06) Identificar geograficamente as rotas de povoamento no território americano.

Observe como cada uma das habilidades listadas nos dá indicativos de que questões devem ser formuladas se desejamos compreender o nível de aprendizagem dos alunos. Uma das questões da prova deverá, por exemplo, versar sobre as teorias que explicam a origem do homem americano. Nesse caso, espera-se que o aluno conheça as teorias, não é solicitado, por exemplo, que ele se posicione criticamente em relação a elas. Esse dado (o que se espera do aluno em relação ao conteúdo) é essencial, pois definirá as características da questão.

De todo modo, na perspectiva adotada neste livro (da educação como possibilidade de emancipação humana), todas as questões devem primar por exigirem raciocínio e não apenas memorização. Para isso, segundo Ronca e Terzi (1991), o ideal é que as questões sejam formuladas como problemas. Diferente de uma pergunta (menos complexa, exige respostas diretas, muitas vezes exigindo apenas memória), um problema é mais complexo, tem maior alcance e exige respostas mais elaboradas.

Exemplificando a diferença, Ronca e Terzi (1991, p. 38) citam as seguintes perguntas: "Quais os tipos de orações subordinadas adverbiais"? "Em que data foi proclamada a república do Brasil"? "Cite os números pares menores do que vinte".

Como exemplos de problemas, os autores nos trazem: "Observe a figura abaixo. Identifique e escreva o nome de cada elemento constitutivo do solo. Responda, também, em que camada podemos encontrar fósseis?"

Os problemas são formulados de modo a indicarem a habilidade operatória solicitada. Os autores citam algumas habilidades operatórias: analisar, classificar, comparar, criticar, imaginar, seriar, levantar hipóteses, justificar, explicar, interpretar, supor, reescrever, descrever, localizar, opinar, calcular, determinar, comentar, substituir, expor, construir, relacionar, sintetizar. (RONCA; TERZI, 1991, p. 39)

Além de terem relação direta e explícita com o conteúdo e o objetivo, os problemas devem ser contextualizados, orientando o pensamento do aluno, já que o objetivo é aferir a aprendizagem e não fazer uma "caça ao erro". Trata-se de ajudar o aluno a localizar, no todo de informações e conhecimentos dos quais se apropriou no decorrer de um período, do que estamos falando.

Moretto (2002) defende que a prova, quando bem formulada, pode se constituir num momento privilegiado, pois permite ao aluno relembrar e organizar os conhecimentos de maneira significativa. Para isso, deve ser elaborada com questões que tenham algumas características, a saber:

A. Contextualização

Moretto nos oferece bons exemplos de como a contextualização favorece respostas mais adequadas ao objetivo em tela. Para isso apresenta uma pergunta sobre determinado conteúdo numa formulação "tradicional" e, a seguir, sugere uma forma contextualizada de formular a questão.

> **Questão:**
> Como é a organização das abelhas numa colmeia?
>
> **Respostas:**
> "É joia"; "É maravilhosa"; "É fantástica"; "É estupenda!"; "É muito boa!".
>
> **Comentário:**
> Pelo comando da questão – *Como* – todas as respostas estão corretas. Sabe-se que certamente não era isso que o professor queria, pois ele pensa na explicação dada em aula e tem certeza que o aluno "sabe o que ele quer como resposta", e é isso que ele irá exigir na correção.
>
> **Outra forma de perguntar**
> Vimos em nossas aulas de ciências, como é maravilhosa a organização das abelhas numa colmeia, pois cada grupo de elementos da colmeia tem uma função específica, para que o todo funcione em harmonia. **Partindo dessa ideia:**
>
> a. Descreva a função de ao menos quatro grupos de elementos da colmeia;
> b. Apresente por escrito um paralelo entre o funcionamento da colmeia e o de nossa escola, no tocante ao cumprimento das funções de cada um.
>
> **Comentários:**
> Nesta forma de elaboração, não se deixou de questionar sobre a colmeia e seu funcionamento.
> Introduziu-se o tema transversal da cidadania, que é uma recomendação dos Parâmetros Curriculares Nacionais – PCNs.

Extraído de MORETTO, V. Prova: um momento privilegiado de estudo e não um acerto de contas. 3 ed. Rio de Janeiro, DP&A, 2002, p. 105-6.

Por ter o objetivo de orientar o pensamento do aluno, a contextualização não pode ser um pretexto, sob o risco de se tornar uma distração e não um apoio para resolver a questão. Moretto exemplifica uma questão em que a contextualização é mero pretexto e não contribui em nada:

> **Questão**
> **MEIO AMBIENTE. Navio encalhado e com rachadura no casco corre o risco de explodir no porto da cidade de Rio Grande.**
> **Derrame de ácido pode causar desastre no Rio Grande do Sul**
> **(Folha de São Paulo, 4 de setembro de 1998).**
>
> A administração do posto de Rio Grande começou, no final da noite de anteontem, a derramar 12 toneladas de ácido sulfúrico no canal que liga a Lagoa dos Patos ao mar.
> A fórmula do ácido sulfúrico é H2SO4. Qual o número de oxidação do enxofre nesse composto?
>
> a. 6+
> b. 4+
> c. 3+
> d. 2+
> e. 2-
>
> **Comentários**
> O texto foi muito bem escolhido e poderia servir para a exploração do tema enunciado no início da questão: meio ambiente. Ele poderia servir como elemento motivador para que o aluno se pronunciasse sobre a conservação das águas, sobre a legislação ambiental, sobre o cuidado com a natureza e, sem dúvida, sobre o número de oxidação, objeto de conhecimento específico da química.

Extraído de MORETTO, V. Prova: um momento privilegiado de estudo e não um acerto de contas. 3 ed. Rio de Janeiro, DP&A, 2002, p. 106.

Apesar das possibilidades citadas no comentário por Moretto, a forma como a questão foi formulada não relaciona a notícia ao conteúdo solicitado, portanto, é uma distração e não uma contextualização.

Observe outras questões, retiradas do SAEB[23] (na qual a contextualização é essencial para a resolução):

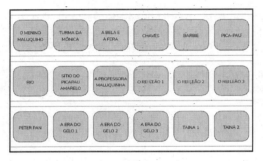

Disponível em: https://download.inep.gov.br/educacao_basica/prova_brasil_saeb/menu_do_gestor/exemplos_questoes/itens_matematica.pdf

---

[23] Segundo o site https://www.gov.br/inep/pt-br/areas-de-atuacao/avaliacao-e-exames-educacionais/saeb/testes-e-questionarios, o Sistema de Avaliação da Educação Básica (Saeb) é um conjunto de avaliações externas em larga escala que permite ao Inep realizar um diagnóstico da educação básica brasileira e de fatores que podem interferir no desempenho do estudante.
Por meio de testes e questionários, aplicados a cada dois anos na rede pública e em uma amostra da rede privada, o Saeb reflete os níveis de aprendizagem demonstrados pelos estudantes avaliados, explicando esses resultados a partir de uma série de informações contextuais.

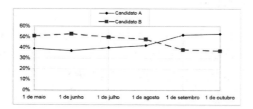

Em que mês o candidato A alcançou, na preferência dos eleitores, o candidato B?

(A) Julho.
(B) Agosto.
(C) Setembro.
(D) Outubro.

Disponível em: http://smeduquedecaxias.rj.gov.br/nead/Biblioteca/
Gest%C3%A3o/IDEB/download.inep.gov.br/educacao_basica/
prova_brasil_saeb/menu_do_gestor/exemplos_questoes/
M08_Saeb_site_FP.pdf

Folha de São Paulo, 29/4/2004.

Pela resposta do Garfield, as coisas que acontecem no mundo são

(A) assustadoras.
(B) corriqueiras.
(C) curiosas.
(D) naturais.

Disponível em: http://smeduquedecaxias.rj.gov.br/nead/Biblioteca/
Gest%C3%A3o/IDEB/download.inep.gov.br/educacao_basica/
prova_brasil_saeb/menu_do_gestor/exemplos_questoes/P08_SITE%20
INEP_OK.pdf

B. Parametrização

Refere-se à indicação clara e precisa dos critérios de correção (MORETTO, 2002, p. 119), elemento essencial para dirigir o aluno na resolução da questão e o professor na correção. Veja um exemplo:

> **Questão:**
> Cite as principais características do povo brasileiro.
>
> **Comentários:**
> Principais sob que ponto de vista? Seriam físicas, intelectuais, sociais, psicológicas, ou outras?
> Quantas deverão ser dadas? Se um aluno escrever 3 e outro 6, eles responderam igualmente ao comando. Terão a mesma nota na questão?

Extraído de MORETTO, V. Prova: um momento privilegiado de estudo e não um acerto de contas. 3 ed. Rio de Janeiro, DP&A, 2002, p. 120.

Agora, um exemplo de uma questão com parâmetros bem claros:

> Com base nos estudos realizados neste bimestre, registre três motivos significativos para que as pessoas evitem o uso de plástico.

C. Exploração da capacidade de leitura e escrita do aluno

Moretto (2002) defende que uma prova bem elaborada e que tenha o objetivo de ser um momento de estudo, deve primar por exigir leitura e escrita por parte do aluno. Dessa forma, contribuirá para que o aluno selecione do total de conhecimentos que têm sobre o tema da questão, o que está sendo solicitado, como deve organizar seu pensamento de modo que o texto (pode ser uma frase ou parágrafo) tenha clareza e coesão.

D. Proposição de questões operatórias e não apenas transcritórias

As questões operatórias são "as que exigem do aluno operações mentais mais ou menos complexas ao responder, estabelecendo relações significativas num universo simbólico de informações." (MORETTO, 2002, p. 121) Já as questões transcritórias são as que exigem basicamente a reprodução de algo que foi memorizado, muitas vezes sem sentido.

Além de corresponder às características elencadas por Moretto, as questões de prova podem assumir dois formatos: dissertativas e objetivas.

8.1. AS QUESTÕES DISSERTATIVAS

As questões dissertativas são aquelas que permitem ao aluno responder com suas próprias palavras às questões propostas. O fato de o aluno escrever não impede, de forma alguma, a objetividade na resposta. Isso não significa, porém, que as respostas de todos os alunos serão iguais. Por isso mesmo é necessário estabelecer critérios claros de correção já no momento de elaborar as questões.

Segundo HAIDT (1995), seu uso apresenta algumas vantagens:

- Permitem verificar certas habilidades intelectuais que constituem processos mentais superiores, como a capacidade reflexiva.

- Possibilitam saber se o aluno é capaz de organizar suas ideias e opiniões e expressá-las por escrito de forma clara e correta.

- Reduz a probabilidade de acerto casual, pois o aluno deve organizar a resposta e usar a sua linguagem para exprimi-la.

Para SANT'ANNA (1995) as questões dissertativas devem ser elaboradas de modo a desenvolverem no aluno níveis de pensamento que envolvam processos mentais como aquisição de conhecimento, estabelecimento de relações, aplicação e generalização de conhecimentos.

Baseados em Vianna (1982) e HAIDT (1995) citamos no quadro a seguir os principais níveis de pensamento inerentes às questões dissertativas. Alertamos que muitas vezes uma única questão solicita mais de uma operação mental por parte do aluno, como você poderá perceber nos exemplos que virão após o quadro.

Relacionar ou Enumerar	Exige apenas recordação de fatos ou dados.
Organizar	Também exige a lembrança de fatos, mas de acordo com determinado critério (cronológico, importância crescente, causa e efeito etc.). Por isso, é mais complexo que o anterior.
Selecionar	Implica em escolha fundamentada em normas de julgamento ou apreciação, de acordo com um critério preestabelecido.
Descrever	Solicita a exposição das características de um objeto, fato, processo ou fenômeno.

Analisar	Vai além da descrição, supõe uma análise em que o aluno expõe ideias, questiona, apresenta argumentos a favor e contra e estabelece o relacionamento entre fatos ou ideias. A resposta requer estruturação cuidadosa e propicia diferentes abordagens do problema.
Definir	Consiste em enunciar os atributos essenciais e específicos de um objeto, fato, processo ou fenômeno, usando as próprias palavras (não vale repetir o que diz o livro-texto).
Exemplificar	Exige aplicação do conhecimento aprendido por meio de exemplos.
Explicar	Consiste em elucidar a relação entre fatos ou ideias. A ênfase da questão deve recair na relação de causa e efeito.
Comparar	Consiste numa análise simultânea de objetos, fatos, processos ou fenômenos, para determinar semelhanças e diferenças e indicar relações. A resposta exige planificação e organização de ideias.
Sintetizar	Trata-se de expor de forma concisa e abreviada uma ideia ou assunto, apresentando seus aspectos especiais.
Esquematizar	O esquema ou esboço é uma espécie de síntese, mas exige uma organização do assunto em tópicos e subtópicos, dando ênfase às funções e às relações entre elementos.
Interpretar	Consiste em analisar o significado de palavras, textos e ideias ou compreender as intenções de um autor. A influência da memória é praticamente nula, pois a resposta exige basicamente capacidade de compreender e realizar inferências.
Criticar	Consiste em julgar e supõe análise crítica. O aluno deve avaliar ideias, textos, livros tendo por base padrões ou critérios para proceder a uma análise crítica.

Quadro de autoria própria com base em Haydt (1995) e Vianna (1982)

Você deve ter percebido que algumas operações mentais são mais complexas que outras. Enumerar, por exemplo, exige menos raciocínio e mais memória; já interpretar ou criticar implica em usar o conhecimento assimilado (e, portanto, exige memória também) analisando dados, relacionando-os entre si. O nível de raciocínio a ser solicitado depende da faixa etária dos alunos, devendo ser complexificado à medida que eles avançam no conhecimento. Mas, atenção! Mesmo na primeira etapa do ensino fundamental (1º ao 5º ano) o aluno já é capaz de realizar a maioria das operações mentais citadas, desde que as questões sejam formuladas de acordo com linguagem acessível ao seu nível de compreensão.

Vejamos alguns exemplos de questões dissertativas:

- **Relacionar ou Enumerar:** Com base nos estudos realizados neste bimestre, registre cinco motivos significativos para que as pessoas não fumem.

- **Comparar:** Agora que já estudamos o "descobrimento" do Brasil e o "descobrimento" da América, cite dois elementos comuns entre ambos. (Adaptado de SANT'ANNA, 1995, p. 45)

- **Criticar e argumentar:** Estudamos sobre o descobrimento do Brasil, mas para alguns autores, a chegada dos europeus à América foi muito mais uma invasão do que uma descoberta. Posicione-se criticamente em relação ao uso dos termos "descobrimento" ou "invasão". Para isso, apresente no mínimo 3 argumentos.

- **Sintetizar e comparar:** Elabore um quadro comparativo entre os seguintes programas de descentralização de recursos para a educação: Programa Dinheiro Direto na Escola (Federal) e Programa Fundo Rotativo (Estado do Paraná). O quadro deverá contemplar três elementos diferentes.

- **Explicar:** Com base nos estudos realizados, explique porque o número de pessoas infectadas pela tuberculose voltou a crescer nos últimos anos.

- **Analisar, interpretar, explicar:** Uma granja avícola possui três galpões, cada um com área útil de 1.200 m^2 e capacidade para alojar 18 mil aves. O proprietário da granja recebeu da empresa integradora 55 mil pintos de um dia de vida. Durante a fase de crescimento, os frangos apresentaram problemas de formação óssea nas pernas. Após 42 dias, durante os quais o consumo total de ração fornecida foi de 202 toneladas, a granja encaminhou para o abatedouro 52.250 frangos com peso vivo médio de 2,15 kg.

Com base na situação descrita acima, responda os itens a seguir.

a) Calcule o número de aves por metro quadrado (densidade) e o índice percentual de mortalidade do lote ao final dos 42 dias. (valor: 2,0 pontos)

b) Analisando-se o desempenho zootécnico, determine o valor da conversão alimentar relativo ao lote. Comente se o valor encontrado está acima ou abaixo do padrão esperado. (valor: 3,0 pontos)

c) Comente, com base nos conceitos de nutrição animal, as possíveis causas do problema de formação óssea nas pernas dos frangos. (valor: 5,0 pontos)

Disponível em: https://download.inep.gov.br/download/superior/2004/enade/provas/ENADE_ZOOTECNIA.pdf

Aparentemente é simples elaborar questões dissertativas, mas não é bem assim. Se elas não forem bem formuladas é praticamente impossível estabelecer, de maneira justa, os critérios de correção. Deste modo, muitas respostas são possíveis, mesmo que absolutamente inadequadas em relação ao objetivo e ao conteúdo trabalhado.

As questões dissertativas devem permitir ao aluno responder com suas próprias palavras, mas de maneira objetiva e adequada aos conteúdos em foco. Segundo Vianna (1982) uma boa questão é aquela que não necessita ser esclarecida no que se refere ao significado dos termos, ao grau de detalhamento exigido na resposta. É essencial que a redação esteja clara, límpida, pois não haverá ninguém para explicar ao aluno as dúvidas que porventura possam aparecer.

Sugerimos que, após formular uma questão você a guarde por um tempo e releia, pois, dificilmente percebemos nossos próprios problemas de falta de clareza na escrita. Como somos os autores, o texto nos parece claro, óbvio... Apenas depois de algum tempo é que somos capazes de enxergar as deficiências de uma questão e reescrevê-la. Se não há este tempo, peça a um colega que leia criticamente a questão. Dê preferência a alguém que não domine totalmente o conteúdo, mas que tenha noções básicas do assunto. Esta pessoa deve ser capaz de compreender o que está sendo solicitado na questão, mesmo que não consiga respondê-la.

Toda questão dissertativa deve ser apresentada de forma que o aluno possa selecionar, organizar e apresentar seus conhecimentos num texto estruturado. A questão a ser respondida deve ser específica, para que o aluno compreenda o seu objetivo e saiba como proceder; por outro lado, deve ter um caráter geral, que permita ao estudante estruturar a resposta segundo sua capacidade de organização e expressão. Como uma questão dissertativa não é um tratado sobre o tema em questão e para evitar a digressão é preciso limitar o que se espera como resposta.

Outro ponto importante é a adequação da questão (ou da prova como um todo) ao tempo disponível e às condições de sua resolução, como, por exemplo, ser permitida a consulta a materiais de estudo ou não. Se o aluno tiver a liberdade de consultar os materiais didáticos, a questão precisa exigir reconstrução do conhecimento, como na análise de um caso, na proposição de uma ação, na comparação entre fatos ou conceitos.

Lembre-se também que uma situação de prova causa ansiedade nos alunos, que o tempo é restrito e dificilmente o aluno terá condições de reorganizar e reescrever a resposta. Assim, muitas vezes a qualidade da escrita e mesmo da letra é inferior nas provas quando comparada a outras atividades nas quais o aluno tenha tempo para analisar o que fez, reescrever, arrumar etc.

Em síntese, ao elaborar questões dissertativas é importante:

- Planejar com antecedência, selecionando os objetivos e conteúdos que deverão ser avaliados;

- Organizar as questões sobre aspectos realmente relevantes do conteúdo;

- Formular questões que estimulem a capacidade reflexiva do aluno, mobilizando elementos operatórios de pensamento;

- Redigir as questões de modo claro e compreensível, especificando o que desejar como resposta. Os enunciados devem explicar o que o aluno vai fazer, utilizando termos como descreva, compare, explique, exemplifique, sintetize etc., que fornecem orientações sobre a forma de responder;

- Apresentar a questão bem definida, limitada e específica;

- Usar linguagem que permita a mesma interpretação por todos os alunos;

- Montar itens independentes entre si, de modo que a não-resolução de uma questão não comprometa as demais;

- Formular questões de acordo com o tempo disponível para a aplicação e com a experiência e a capacidade dos alunos;
- Clarear os critérios de correção, como no exemplo abaixo:

> A prova do ENEM-2005 trazia na primeira questão, um mapa, um texto e trechos da constituição sobre o trabalho infantil. Com base nas leituras dessas informações, seguia-se a ordem:
> **Com base nas ideias presentes nos textos acima, redija uma dissertação sobre o tema:**
>
> **O trabalho infantil na realidade brasileira.**
> Ao desenvolver o tema proposto, procure utilizar os conhecimentos adquiridos e as reflexões feitas ao longo de sua formação. Selecione, organize e relacione argumentos, fatos e opiniões para defender seu ponto de vista e suas propostas, sem ferir os direitos humanos.
>
> **Observações:**
> - Seu texto deve ser escrito na modalidade padrão da língua portuguesa.
> - O texto **não** deve ser escrito em forma de poema (versos) ou narração.
> - O texto deve ter, no mínimo, 15 (quinze) linhas escritas.
> - A redação deve ser desenvolvida na folha própria e apresentada a tinta.

Pode parecer que a correção das questões dissertativas é simples, mas isso é um equívoco, pois é fácil sermos levados por outros elementos que não sejam o cerne da questão. Por isso, para diminuir a subjetividade na correção, é importante tomar alguns cuidados:

- Estabelecer critérios que serão considerados na resposta, o que pode se expressar em valores numéricos que orientarão a correção e a nota dada às respostas;

- Cuidar para não se deixar levar por outros aspectos que, embora importantes, não respondam à questão, como, por exemplo: fluência verbal, caligrafia, ortografia. Ou ainda, outras respostas que, embora seguindo um raciocínio correto, não correspondem ao solicitado;

- Corrigir uma questão de cada vez em todas as provas, antes de passar para as questões seguintes, já que desse modo o nível de exigência tende a ser o mesmo para todos os alunos;

- De vez em quando, voltar a ler uma prova já corrigida, verificando se os critérios e o nível de exigência estão sendo mantidos;

- Fazer um pequeno comentário em cada prova, de modo a orientar melhor o aluno;

- Mostrar e comentar com os alunos a prova corrigida o mais rápido possível. Comentar os resultados da turma, os erros em comum, rever brevemente o conteúdo;

- Com base nos resultados, planejar as ações de intervenção necessárias para que os alunos possam vencer as dificuldades apresentadas.

8.2. AS QUESTÕES OBJETIVAS

Segundo HAIDT (1995, p. 305), as provas elaboradas com questões objetivas

> têm como vantagem o fato de possibilitarem incluir vários conteúdos ao mesmo tempo, fornecendo uma

ampla amostra do conhecimento do aluno. Além disso, permitem uma correção rápida e relativamente simples, pois cada questão, geralmente só admite uma resposta.

Por outro lado, as questões objetivas apresentam algumas desvantagens. A elaboração é relativamente difícil e elaborada e elas não avaliam as habilidades de expressão, posicionamento crítico ou criativo. Existe ainda, o risco de acerto por acaso, o famoso "chute". Além disso, restringem as respostas dos alunos, podendo condicioná-los à passividade caso sejam submetidos apenas a este tipo de instrumento.

A elaboração desse tipo de questão deve levar em conta:

- Ter como base conteúdos e objetivos relevantes e não acessórios.
- A redação precisa ter a maior clareza possível.
- Evitar a inclusão de elementos desnecessários, pois criam uma falsa dificuldade ou distraem o aluno do que é realmente essencial. Trata-se de apresentar apenas as informações necessárias para a solução da questão.
- Evitar elaborar questões sobre aspectos demasiadamente específicos, o que solicita apenas memorização.
- Adaptar a linguagem e o nível de exigência ao nível da turma.
- Evitar a inclusão de elementos que induzam a resposta.
- Cuidar para que as alternativas tenham extensão semelhante, evitando o "chute" devido à diferença na redação.
- Redigir a questão de maneira clara e objetiva, usando frases curtas e termos exatos. Evitar também o uso de preciosismos, palavras rebuscadas e termos técnicos desnecessários. Afinal, o objetivo não é verificar o nível de

erudição do aluno e sim, seu conhecimento sobre determinado conteúdo.

Vianna (1982) descreve vários tipos de questões objetivas:
- De resposta curta
- De afirmação incompleta
- De lacuna
- De acasalamento, correlação ou combinação
- De resposta única
- De resposta múltipla
- Questões de asserção-razão

Questões de resposta curta:

Solicitam basicamente memorização de dados e fatos, não sendo indicadas para avaliar operações mentais mais complexas.

Exigem uma resposta breve e bem definida. O aluno deve escrever apenas uma palavra, número ou frase curta. Esse tipo de questão também pode assumir o formato de "resposta única", que será explorado logo adiante.

> Ex.:
> Para que serve o higrômetro?
> Qual a área de um círculo cujo raio mede 3 metros?

Questões de afirmação incompleta:

Geralmente induzem à memorização e não à compreensão, mas segundo Vianna (1982), é o formato mais comum das questões objetivas. A parte introdutória é uma afirmação incompleta e não uma pergunta, e as alternativas a completam.

> Ex.:
> As radiações eletromagnéticas, tais como ondas de rádio, luz visível, raios X, raios gama etc., têm em comum, no vácuo,
>
> a. a amplitude.
> b. a frequência.
> c. o comprimento de onda.
> d. a velocidade.
> e. o período.
>
> (VIANNA, 1982, p. 57)

Alguns cuidados na formulação desse tipo de questão:

Ao final da afirmativa deve estar clara a ideia de continuidade por meio do completamento com um dos itens;

Cuide para não dar pistas pelo uso de feminino ou masculino

Questões de lacuna

São aquelas em que uma ou várias partes relevantes da sentença são suprimidas. As lacunas não devem ser numerosas, para evitar que a questão se torne obscura. Geralmente induzem à memorização e não à compreensão.

Podem também ser redigidas no formato de "resposta única" (ex. 2)

Ex. 1:
Hexágono é um polígono que tem _____ lados e _____ vértices.

Ex. 2:
No caso de não_____ as condições do tratado, _____ as relações diplomáticas entre os dois países.

    a. se satisfizerem   romper-se-ão

    b. se satisfazerem   romper-se-á

    c. se satisfazerem   romper-se-ão

    d. se satisfizer   se romperão

    e. se satisfizerem   se romperá

Alguns cuidados na formulação desse tipo de questão:

- Formule a questão de forma que cada espaço em branco só admita uma resposta correta.
- Não coloque lacunas no início da frase, para não dificultar a compreensão.
- Omita dados significativos e não apenas detalhes irrelevantes. Mas não retire palavras fundamentais à compreensão da frase.
- As lacunas devem ter o mesmo tamanho, evitando "dar pistas" sobre a resposta.
- Cuide para não dar pistas pelo uso de feminino ou masculino.

Questões de acasalamento, combinação ou correlação:

Constituída por duas colunas, sendo que cada item da primeira coluna deve ser combinado com uma palavra, frase ou número da outra coluna.

> Ex.: Vimos no decorrer deste bimestre, alguns termos que descrevem o ambiente e as relações entre seus diversos componentes. Na primeira coluna você encontra alguns desses termos e na segunda, suas as definições. Leia com atenção e relacione as duas colunas.
>
> A) Ecossistema   ☐ Conjunto de seres vivos que compõem um ecossistema
>
> B) Bioma   ☐ Conjunto de elementos bióticos e abióticos de determinada área
>
> C) Habitat   ☐ Comunidade que atingiu o grau máximo de desenvolvimento no ambiente
>
> D) Biota   ☐ Função de uma espécie no ecossistema
>
> E) Nicho   ☐ Área física na qual vive uma espécie
>
> F) Ecologia

Alguns cuidados na formulação desse tipo de questão:

- Usar conteúdo do mesmo tipo em cada questão. Para manter o alto grau de homogeneidade, é preciso que o conteúdo de cada conjunto de itens pertença à mesma categoria.

- Elaborar questões completas, explicando qual será a forma de combinação e informando se cada letra (da resposta) poderá ser usada apenas uma ou mais de uma vez.
- Fazer com que uma das colunas contenha sempre um número maior de itens, para evitar que a resposta seja encontrada por simples eliminação e para reduzir o acerto casual.

Questões de resposta única:

Formada por uma parte introdutória contendo o problema – que pode aparecer sob a forma de afirmação incompleta ou de pergunta direta –, seguida de várias alternativas que se apresentam como possíveis soluções.

Alguns cuidados na formulação desse tipo de questão:

- O enunciado das questões precisa ser claro, escrito de modo que possa ser compreendido e não "adivinhado" pelos alunos.
- Sempre que possível, contextualizar as questões, exigindo leitura, compreensão e raciocínio por parte do estudante.
- Redigir as diversas alternativas de modo que todas pareçam plausíveis à primeira vista, embora apenas uma delas seja correta.
- Tornar todas as alternativas gramaticalmente ajustadas à questão, para não dar indicações da resposta correta.
- Evitar, sempre que possível, questões negativas, em que o aluno deve selecionar a resposta incorreta.
- Distribuir bem em qual item / letra estará a resposta correta. Há uma tendência dos professores em concentrar as respostas corretas nas letras B e C. Para um aluno mais

atento, pode vir a ser uma pista. Em caso contrário, se há predominância da resposta correta em uma das letras, alguns alunos mais "treinados" no sistema "cursinho" tenderão a entrar em dúvida sobre sua resposta por julgarem que o professor não colocaria todas as respostas na letra "A", por exemplo.

- Evitar que a resposta correta seja a mais longa. Na medida em que a alternativa correta precisa ser bem especificada, costuma-se empregar um número maior de palavras; mas, ampliando, aumenta-se a possibilidade de que o aluno a detecte, unicamente por esta particularidade.
- Evitar respostas do tipo "slogan", pois elas são facilmente reconhecidas e assinaladas, muitas vezes sem ao menos ler as demais respostas.

> Ex.:
> **Jornal do Rio está fazendo 50 anos**
>
> Ousado e investigativo o "Correio do Povo" sempre mostrou numa linguagem muito clara, tanto com os assuntos da cidade, do país e do mundo, como também dos municípios do bairro de cada cidadão e leitor.
> Fonte: Revista Veja 2001.
>
> No trecho "Ousado e investigativo o Correio do Povo sempre mostrou numa linguagem muito clara..." as palavras destacadas qualificam:
>
> - A cidade do Rio de Janeiro.
> - O leitor.
> - O jornal.
> - Os jornalistas.
>
> **Fonte:** PR/ SEED. Caderno de atividades: Língua portuguesa. Anos finais do ensino fundamental. 2009.

Questões de resposta múltipla:

São aquelas em que a pergunta (problema) pode admitir várias respostas corretas. Podemos solicitar ao aluno que assinale todas as alternativas corretas (primeiro exemplo), ou ainda, que utilize uma chave de correção (segundo exemplo). De certo modo, as questões de resposta múltipla também podem se configurar como verdadeiro ou falso, ou ainda, certo ou errado (terceiro exemplo).

> Ex. 1:
>
> Aprendemos que na antiguidade clássica mesmo Roma tendo se sobreposto aos gregos devido ao seu poderio militar, a cultura grega sobreviveu à derrota militar e influenciou seus conquistadores. Vimos que alguns fatores propiciaram a origem e o desenvolvimento da ciência e da cultura grega. Analise as afirmativas a seguir e assinale as que contemplam tais fatores:
>
> a. Uma grande curiosidade intelectual, que os levou a absorver conhecimentos e técnicas de outras culturas mais complexas;
>
> b. A ausência de uma organização administrativo-religiosa que impusesse pautas rígidas de comportamento e conduta;
>
> c. Os filósofos romanos foram os primeiros a dar explicações, por meio da razão, sobre a natureza e os fenômenos que nela ocorriam;
>
> d. A mitologia grega, incorporada pelos romanos, favorecia o livre arbítrio e, consequentemente, o desenvolvimento da ciência e da filosofia;
>
> e. Sua tendência à reflexão e seu aperfeiçoamento à argumentação e à dialética, que os impelia a contrastar as ideias de cada um com as ideias dos demais.

Ex. 2:

Aprendemos que na antiguidade clássica mesmo Roma tendo se sobreposto aos gregos devido ao seu poderio militar, a cultura grega sobreviveu à derrota militar e influenciou seus conquistadores. Vimos que alguns fatores propiciaram a origem e o desenvolvimento da ciência e da cultura grega. Analise as afirmativas a seguir e assinale as que contemplam tais fatores:

I. Uma grande curiosidade intelectual, que os levou a absorver conhecimentos e técnicas de outras culturas mais complexas;

II. A ausência de uma organização administrativo-religiosa que impusesse pautas rígidas de comportamento e conduta;

III. Os filósofos romanos foram os primeiros a dar explicações, por meio da razão, sobre a natureza e os fenômenos que nela ocorriam;

IV. Sua tendência à reflexão e seu aperfeiçoamento à argumentação e à dialética, que os impelia a contrastar as ideias de cada um com as ideias dos demais.

São corretas as afirmativas:

a. Afirmativas I, II e, apenas.
b. Afirmativas I, III e IV, apenas.
c. Afirmativa III, apenas.
d. Afirmativas I, II e IV, apenas.

> Ex. 3:
>
> Aprendemos que na antiguidade clássica mesmo Roma tendo se sobreposto aos gregos devido ao seu poderio militar, a cultura grega sobreviveu à derrota militar e influenciou seus conquistadores. Vimos que alguns fatores propiciaram a origem e o desenvolvimento da ciência e da cultura grega. Analise as afirmativas a seguir e assinale C para que descrevem corretamente tais fatores e E para as que não se referem a eles:
>
> ☐ Uma grande curiosidade intelectual, que os levou a absorver conhecimentos e técnicas de outras culturas mais complexas;
>
> ☐ A ausência de uma organização administrativo-religiosa que impusesse pautas rígidas de comportamento e conduta;
>
> ☐ Os filósofos romanos foram os primeiros a dar explicações, por meio da razão, sobre a natureza e os fenômenos que nela ocorriam;
>
> ☐ A mitologia grega, incorporada pelos romanos, favorecia o livre arbítrio e, consequentemente, o desenvolvimento da ciência e da filosofia;
>
> ☐ Sua tendência à reflexão e seu aperfeiçoamento à argumentação e à dialética, que os impelia a contrastar as ideias de cada um com as ideias dos demais.

Alguns cuidados na formulação desse tipo de questão:

- Elabore cada item de forma que inclua apenas uma ideia e apresente uma proposição que seja inteiramente certa ou inteiramente errada. Evite declarações parcialmente certas – ambiguidade.
- Evite frases longas e rebuscadas, contendo muitos detalhes. Desdobre enunciados longos em dois ou mais itens separados.
- Evite frases de construção negativa.

- Apresente as respostas certas e erradas misturadas, sem seguir uma determinada sequência.
- Evite que as alternativas sejam mutuamente excludentes ou deem pistas sobre as demais.

Questões de asserção-razão

São questões que exigem o uso de várias habilidades mentais, utilizadas mais no ensino médio, constituídas por um tema ou situação-estímulo e duas proposições ligadas pela palavra *porque*, sendo a segunda proposição a "razão" ou "justificativa" da primeira. Há uma chave de resposta em que são apresentadas as alternativas de respostas, constantes de afirmativas verdadeiras e falsas e a relação de causalidade entre elas. Nesse tipo de questão, o estudante faz uma análise de relações.

> Ex.:
>
> Tomando por referência os estudos sobre mecânica e ótica realizadas, avalie as seguintes assertivas e a relação estabelecida entre elas.
>
> I. Um dos primeiros pilares sobre os quais foram construídas a mecânica e a ótica quântica é o princípio de De Broglie (devido ao físico francês Louis de Broglie).
>
> **Porque**
>
> II. Esse princípio é uma das primeiras tentativas de descrever quantitativamente a física dos fenômenos em que observa a dualidade onda-partícula.

> A respeito dessas assertivas, assinale a opção correta.
>
> a. As assertivas I e II são proposições excludentes.
> b. A assertiva I é uma proposição falsa e a II é verdadeira.
> c. As duas assertivas são verdadeiras e a segunda afirmativa justifica e complementa a primeira. (correta)
> d. As assertivas I e II são falsas.
> e. A assertiva II contraria a ideia expressa na assertiva I.

Além dos cuidados já citados para os outros tipos de questão, para elaborar questões de asserção-razão, o material apresentado na asserção precisa ser *absolutamente* verdadeiro ou falso, não pode restar nenhuma dúvida em relação a isso.

> **Para saber mais** sobre elaboração de questões, leia os capítulos 8, 9 e 10 desta obra:
>
> GRILLO, GESSINGER e FREITAS (org.). *Por que falar ainda em avaliação?* Porto Alegre: EDIPUCRS, 2010. Disponível em
>
> http://atuaria.sites.uff.br/wp-content/uploads/sites/433/2018/08/porquefalaraindaemavaliacao.pdf

CAPÍTULO 9
O PAPEL DO CONSELHO DE CLASSE NA AVALIAÇÃO EMANCIPATÓRIA

Defendemos nesta obra que a avaliação é parte constitutiva do trabalho pedagógico e que consiste em coleta de informações sobre o ensino-aprendizagem com o objetivo de subsidiar decisões e encaminhamentos para rumar à melhoria da qualidade da aprendizagem.

Nesse sentido, ela não é uma prática que ocorre apenas internamente a cada sala de aula, mas sim, perpassa toda a organização do trabalho pedagógico da escola. O currículo, o material didático, a organização dos horários, a atuação dos professores de apoio, a adequação dos instrumentos de avaliação, dentre vários outros, são exemplos de elementos que interferem nos resultados de um grupo de alunos.

É, portanto, necessário reunir os diversos envolvidos nesse processo para, coletivamente analisar o panorama da aprendizagem num dado momento e tomar decisões acerca das ações a serem tomadas. Esse é o papel do conselho de classe, órgão colegiado da escola em que os diversos profissionais que atuam com uma turma (ou os diversos professores de uma mesma série/ano) juntam-se à equipe pedagógica para refletir e avaliar o desempenho pedagógico dos alunos das diversas turmas/séries a cada bimestre/trimestre e o que ele indica, bem como apontar alternativas para garantir a aprendizagem.

Observe que nos referimos a 3 pontos importantes no conselho de classe: a) avaliar o desempenho das turmas e seus alunos; b) refletir sobre o que tal desempenho indica; c) apontar alternativas para garantir a aprendizagem. Assim sendo, não se trata de organizar um "tribunal" no qual serão julgados os alunos com baixo desempenho ou, pior ainda, os que "incomodam".

Olhar para o desempenho da turma e de cada aluno em cada uma das áreas do conhecimento é o primeiro passo, mas não com o objetivo de classificar os melhores e os piores, e sim, de planejar ações em prol da melhoria do nível de aprendizagem dos que têm dificuldades. Por isso, é preciso ir além de meramente indicar os resultados abaixo do esperado refletir sobre o que eles indicam. Vamos a um exemplo:

> Numa determinada escola, as três turmas de 6º ano tiveram desempenho abaixo do esperado no terceiro bimestre em matemática. Nas demais áreas do conhecimento, o desempenho continua mais ou menos o mesmo dos bimestres anteriores. De modo geral, havia alguns alunos (os mesmos do bimestre anterior) que obtiveram notas abaixo da média e alguns melhoraram o desempenho, provavelmente por causa das ações de recuperação realizadas no decorrer do bimestre.
> Como os professores sabem que apenas afirmar essa situação em matemática não basta, passaram a conversar sobre possíveis causas, principalmente por ser um resultado geral (a maioria dos alunos baixou de nota) e localizado numa área específica.
> Luciana, que está na escola há mais de 5 anos, leciona matemática para as três turmas e comentou na reunião do conselho, que essa situação ocorreu também no terceiro bimestre do ano anterior e que, na sua opinião, essa dificuldade estava relacionada à introdução das operações com frações.
> Vários professores deram suas posições, houve até quem dissesse que o problema era excesso de conversa nas salas, mas Luciana disse que nas aulas delas o nível de indisciplina

> não havia mudado, que ela não acreditava que fosse isso. Tendo em vista os argumentos de Luciana, no decorrer do conselho ficaram combinadas algumas ações:
>
> a. revisão sobre frações no decorrer das aulas de matemática antes de avançar com outros conteúdos;
>
> b. organização de recuperação paralela para os alunos com as maiores dificuldades;
>
> c. contato da pedagoga com os pais dos alunos cujas notas baixas já vinham do segundo bimestre e se mantinham assim para orientar no sentido de ações que pudessem contribuir em cada caso específico;
>
> d. organização de reunião pedagógica para analisar dados dos anos anteriores (serão trazidos pela pedagoga) e refletir sobre a hipótese da professora acerca da causa do desempenho abaixo esperado;
>
> e. a partir dos resultados da reunião pedagógica, planejar ações de revisão da divisão dos conteúdos nos bimestres.

Como você pôde ler no exemplo, o planejamento e execução das ações em prol da melhoria da aprendizagem não fica restrito ao nível da sala de aula ou de cada professor individualmente. Envolve toda a escola, dependendo de cada situação. Se, por exemplo, o conselho chegar à conclusão que é preciso entrar em contato com a família de determinado aluno, ou indicar acompanhamento de algum profissional especializado, caberá à equipe pedagógica – sempre em comum acordo com os professores – essa ação. Ou ainda, se o conselho decidir que é preciso rever a distribuição de horários, pois numa determinada turma a educação física é sempre no último horário da manhã, sob forte sol, o que está atrapalhando o desempenho de todo um grupo de alunos, todos estarão envolvidos nas alterações.

O Conselho de Classe é, portanto, uma instância interdisciplinar, que apresenta três características básicas que o distinguem de outros órgãos colegiados: a participação dos profissionais que atuam no processo pedagógico da escola, possibilitando um olhar de conjunto; a centralidade da avaliação escolar como foco de trabalho; e a sua organização interdisciplinar, que exige uma nova postura do professor diante do seu objeto de trabalho científico e diante da relação da ciência com o ser humano, visto que a percepção contextualizada do aluno engloba também a contextualização das disciplinas ensinadas. (LORA; SZYMANSKI, 2008, s/p)

Antes de continuar, é preciso esclarecer que o conselho de classe não se restringe a uma reunião realizada periodicamente. Ele é, na verdade, um processo que perpassa todo o ano letivo. Quando o bimestre/trimestre estiver próximo de terminar, ocorre o pré-conselho. É o momento de diagnóstico, geralmente organizado pela equipe pedagógica. Por meio do contato com os professores, os alunos (geralmente os representantes de turma) e demais profissionais que atuaram com cada turma, busca-se levantar dados sobre o processo ensino-aprendizagem. Se já houverem "notas", a equipe pedagógica pode também analisar a situação de cada turma, traçar comparativos entre os bimestres, entre as turmas ou mesmo entre as diversas áreas do conhecimento. Deverão ser indicados também, os alunos com mais dificuldades, bem como as ações realizadas com cada um deles (quando elas existiram).

Vamos explicar melhor: suponha que determinado aluno, que teve desempenho abaixo do esperado, foi atendido pela pedagoga da escola várias vezes por razões ligadas a desatenção em sala e que a partir dessas conversas ela desconfia que ele tenha transtorno de hiperatividade e déficit de atenção. Em continuidade a esses contatos com o aluno, a pedagoga conversou com a mãe do aluno e sugeriu que a família buscasse orientação profissional para averiguar se sua desconfiança faz sentido, mas ainda não teve retorno.

Os dados sobre cada turma e sobre os alunos que causam preocupação, serão encaminhados antes da reunião para os conselheiros, permitindo que reflitam sobre eles, dando maior agilidade ao conselho de classe propriamente dito.

Cabe a cada profissional da educação, com base nos dados recebidos, refletir sobre o processo de cada turma, as dificuldades encontradas na ação docente, a situação individual dos alunos nos aspectos cognitivo, afetivo e social. O professor deve também refletir sobre as atitudes que tomou no decorrer do bimestre frente a problemas que foram ocorrendo, como, por exemplo, se encaminhou atividades de recuperação para alunos com dificuldade, se precisou atuar mais firmemente com algum aluno por questões disciplinares, que tipo de apoio teve ou não, quais os problemas estruturais que dificultaram etc.

Quando esse processo de reflexão ocorre antes do conselho e de maneira realmente cuidadosa, traz elementos importantes para cada professor e para a escola como um todo.

O conselho de classe propriamente dito é a reunião de todos os envolvidos no processo de ensino da turma em questão, na qual analisam o diagnóstico recebido e definem em conjunto as ações a serem tomadas no sentido de favorecer a aprendizagem. Geralmente a equipe pedagógica é a responsável por coordenar este momento. Inicia-se pela conversa sobre a turma, geralmente a partir de dados apresentados pela pedagoga, buscando compreender seu desenvolvimento e as dificuldades que porventura se apresentem.

Depois de combinar ações em relação à turma, passa-se à análise de casos que causem preocupação, seja por aspectos de aprendizagem, seja por questões que a dificultem (como, por exemplo, atitudes inadequadas de algum aluno). Do mesmo modo, depois de refletir sobre o que cada situação específica indica, suas possíveis causas, serão combinadas as ações a serem tomadas no decorrer do bimestre.

Nunca é demais lembrar que todas as discussões e tomadas de decisões no decorrer do conselho precisam ter como referência aspectos qualitativos, tais como o avanço do aluno, as ações que cada professor tomou no decorrer do bimestre/trimestre para recuperar a aprendizagem, o desempenho em todas as áreas do conhecimento, as situações de inclusão, as condições da escola que possam ter interferido, dentre outros.

Insistimos nesse ponto para evitar o que, para Hoffmann (2002), nos muitas vezes ocorre na prática: o conselho de classe se reduz a apresentação de resultados (notas), reclamações sobre os alunos, deixando em segundo plano a reflexão sobre o processo ensino-aprendizagem. É preciso cuidado para que o conselho de classe não se baseie apenas em notas, ou que a palavra de um professor ou de uma área do conhecimento tenha mais peso que a de outro. Ou ainda, que se torne um campo de batalha entre professores que tenham desavenças entre si. Também é importante ressaltar que o conselho não pode se transformar num tribunal que julga os alunos (principalmente os que são considerados indisciplinados) ou ainda, um "muro de lamentações", em que os participantes apenas reclamam da situação das turmas ou alunos e não discutem acerca de ações relevantes a serem tomadas para a melhoria do nível de aprendizagem.

Após a reunião do conselho de classe, ocorre o que chamamos de pós-conselho, período que se estende até o próximo conselho e no qual as ações previstas serão executadas. Estas ações deverão subsidiar os próximos conselhos, até o conselho final, que tem o poder de decidir sobre aprovação/reprovação de alunos que não obtiveram a média definida pelo sistema de avaliação da escola.

Podemos dizer que os conselhos de classe que ocorrem no decorrer do ano têm caráter diagnóstico e o conselho de classe final é classificatório, já que tem poder decisório sobre a aprovação. Todavia, as decisões do conselho final também devem levar em conta aspectos qualitativos, principalmente levando em conta o quanto o aluno avançou em cada uma das áreas do conhecimento e suas possibilidades de acompanhar com sucesso o próximo ano letivo.

Para saber mais:

A autora mais referenciada quando o tema é conselho de classe é Ângela Dalben. Sugerimos duas obras desta autora:

DALBEN, Ângela. **Conselhos de Classe e Avaliação.** Perspectivas na gestão pedagógica da escola. Campinas-SP, Papirus, 2004.

DALBEN, Ângela. **Trabalho escolar e Conselho de Classe.** Campinas: Papirus, 1995.

Você pode também assistir ao vídeo intitulado Conselho de Classe pelo link https://www.youtube.com/watch?v=gK66MSAM29M

CAPÍTULO 10
A QUESTÃO DO ERRO E A RECUPERAÇÃO DE ESTUDOS

Acompanhar a aprendizagem dos alunos induzindo-a (ensinando) é o papel do professor. Nesse processo é necessário estar atento a enxergar como cada um deles se apropria dos diferentes saberes que são objeto do trabalho pedagógico.

Ao acompanhar as atividades diárias, as tarefas de casa, os resultados nas avaliações formais, é possível, além de perceber os avanços da turma, observar onde residem as dificuldades, sejam elas da turma em geral ou de um ou outro aluno especificamente. E qual é o indicador para tudo isso? O erro!

Geralmente a escola foge do erro como se ele fosse sinal de fracasso, de perda total de todos os esforços envidados em prol da aprendizagem, quando, na verdade, ele faz parte do aprender.

Você deve lembrar do ditado popular: "é errando que se aprende". Pois é, o saber popular reconhece que é preciso experimentar, tentar, melhorar o desempenho, até chegar a um nível adequado de execução de qualquer atividade. E com certeza, no decorrer desse processo de aprendizagem, o erro vai estar presente. Quem já tentou aprender aquarela, marcenaria ou língua estrangeira, é testemunha disso.

Também na aprendizagem escolar o erro faz parte e precisa ser compreendido como tal. Além disso, ele sempre indica um raciocínio, uma tentativa de resolver um desafio. Vamos compreender isso por meio de um exemplo:

> Paulo está se alfabetizando, já domina os padrões silábicos simples, mas ainda não compreendeu todas as nuances do sistema escrito da língua portuguesa. Semana passada, escreveu baude e a professora o corrigiu, dizendo que no lugar do U deveria escrever L.
> Paulo ficou pensando: "mas se eu falo baude (ou será que é baode?), porque devo escrever balde?"
> Depois da explicação da professora, ele compreendeu que nos lugares em que ele fala U deve escrever L. Esse raciocínio serviu para ele acertar as palavras azul, anil, alface e altura. Com base nesse raciocínio, ontem, Paulo escreveu altomóvel num texto. Quando a professora marcou a palavra e corrigiu dizendo que era automóvel, ele ficou sem entender nada: afinal, o som era o mesmo!

Com certeza no exemplo acima fica fácil compreender que todo erro encerra um raciocínio, ninguém erra de propósito!!!! É essencial compreender isso, evitando a falácia de pensar que o aluno é preguiçoso, que não se dedicou, enfim, que seu erro tivesse a única intenção de irritar o professor. Por isso repetimos: ninguém erra de propósito e todo erro encerra um raciocínio (embora equivocado).

O mais importante em relação ao erro quando se tem a intenção de promover a aprendizagem é compreender o raciocínio, ou seja, qual foi o caminho do pensamento, a hipótese de resolução da atividade que o aluno seguiu e que o levou a uma resposta incorreta.

Os erros na resolução de atividades avaliativas como provas, por exemplo, podem ser de três naturezas diferentes: i. erro na interpretação do enunciado; ii. desconhecimento do conteúdo necessário para resolver a questão; iii. falha em uma das etapas de resolução (muito comum em problemas matemáticos). Perceber qual foi o tipo de erro é essencial para que o professor saiba como proceder no sentido de promover ações de recuperação.

Mesmo que apenas uma parte da turma tenha demonstrado erro de interpretação do enunciado, caberia uma reflexão sobre a elaboração do problema, analisando se a questão estava clara ou não. Além disso, se constatado que apesar da formulação correta da questão, os alunos cometeram esse tipo de erro, é preciso organizar atividades ensinando a discriminar o que é essencial num problema, como pensar para descobrir o que fazer...

Se o erro demonstra desconhecimento do conhecimento, é hora de retomar o assunto, usando novas formas e metodologia. Afinal, do modo como foi ensinado, os alunos não conseguiram aprender. Agora, se o erro demonstra falha numa das etapas de resolução, será necessário retomar as etapas, explicando uma a uma, sua razão de ser e os possíveis equívocos no caminho.

Mas não é só nas atividades propostas com fins avaliativos que o professor pode perceber os erros que seus alunos cometem. Durante a resolução de atividades em sala, na correção de tarefas, numa pergunta (que pode até parecer inadequada), ele obtém indicativos de que aspectos é preciso retomar. Vamos a um exemplo que indica o quanto uma pergunta pode indicar as dúvidas e o raciocínio dos alunos.

> Renata é professora de 5º ano e estava explicando a seus alunos que o Brasil se localiza na América do Sul, que esta faz parte da América e que há outros continentes. O mapa-múndi estava exposto no quadro, o globo terrestre estava sobre a mesa.
> Depois de mostrar os continentes no mapa-múndi, Renata pegou o globo e chamou as crianças para perto de sua mesa, mostrando a localização da América do Sul.
> Caroline, que era uma aluna daquelas bem distraídas, parecia não estar entendendo... A certa altura ela perguntou: "prof., então o Brasil é uma bola, que fica dentro de outra bola?"
> Algumas crianças começaram a rir. Como assim: uma bola dentro de outra bola? Renata teve a presença de espírito de

> não responder e sim, pedir a Caroline que explicasse melhor seu raciocínio.
> A menina desatou a falar:
> — Prof., no início do ano você não explicou que a gente vive na Terra e que ela é tipo uma bola, que vai girando em torno do Sol? Então? A América é uma dessas bolas e a gente, quer dizer o Brasil, fica dentro dessa bola?"
> Renata teve vontade de rir, mas se conteve e explicou:
> — Pessoal, o que a Caroline está lembrando é de quando estudamos o Sistema Solar. Lembram que montamos o Sistema Solar com bolas de isopor? Então, é por isso que a Caroline lembrou das bolas.
> Então desenhou no quadro, de maneira bem simples, o Sistema Solar. A seguir, pegou o globo e colocou-o na direção do planeta Terra nesse sistema. Então Renata continuou:
> — Veja Caroline, a Terra com um todo é o planeta, a bola que você falou. Mas o planeta Terra é grande, ele tem partes de água e outras de terra. Essas partes de terra receberam nomes, para ficar mais fácil das pessoas se localizarem. Então a parte de terra em que fica o Brasil não é uma bola dentro de outra bola, está tudo dentro do mesmo planeta. Todos os continentes e, dentro deles os países, fazem parte da Terra.
> Renata percebeu, com espanto, que havia mais crianças com expressão de "agora entendi" e se deu conta que a pergunta que aparentemente era fora de qualquer contexto, ajudou a turma a compreender melhor o assunto.

O exemplo que você acaba de ler pode parecer exagerado, mas com certeza você mesmo já viveu alguma situação em que a pergunta de um aluno te ajudou a entender algo que ainda estava mal compreendido. Infelizmente, à medida que os alunos vão avançando na escolarização, tendem a perder a espontaneidade que tinha a menina de nosso exemplo e ficam com receio de perguntar algo durante a explicação do professor. Geralmente, há dois motivos para isso: o medo de se expor frente aos colegas como alguém que não sabe, ou o receio de uma reação negativa por parte do professor.

Observe o quanto é importante manter um ambiente de respeito na sala de aula, de modo que os alunos se sintam à vontade para perguntar, sabendo que suas dúvidas serão acolhidas pelo professor e que este também saberá agir de modo a não permitir que os colegas sejam desrespeitosos. Além disso, nada mais eficiente do que resolver uma dúvida já no momento em que ela ocorre, evitando que um raciocínio incorreto se solidifique.

A análise acerca do que indicam os erros cometidos pelos alunos, é a etapa inicial do planejamento das atividades de recuperação, que deve ser paralela e contínua. Paralela porque ocorrerá em paralelo, ao mesmo tempo em que ocorrem as demais atividades e contínua com o objetivo de evitar o acúmulo de dúvidas por parte dos alunos.

A recuperação paralela e contínua é prevista inclusive na LDB, que em seu artigo 13 afirma ser papel do professor zelar pela aprendizagem dos alunos e estabelecer estratégias de recuperação para os alunos de menor rendimento. Também o artigo 12, inciso V, afirma que faz parte do papel do professor, prover meios para a recuperação dos alunos de menor rendimento.

A essa altura é importante ressaltar que se trata de recuperação de conhecimento e não apenas de resultados que se reflitam em notas ou conceitos. Essa ressalva é importante, pois infelizmente, devido à burocratização do trabalho pedagógico, há quem a compreenda apenas como nova oportunidade avaliativa para "aumentar a nota". Trata-se de buscar novas estratégias didáticas para rever o conteúdo não assimilado. Quando se visa a recuperação de conhecimento, a nota, quando é exigência da escola, virá como consequência. Isso quer dizer que recuperação não é oferecer uma nova oportunidade de avaliação e sim, promover formas de aprender o que não foi aprendido. E isso precisa ocorrer o mais rápido possível, para que a dificuldade não aumente.

A recuperação deve ocorrer no decorrer do período letivo, a partir do diagnóstico das dificuldades e considerando as necessidades de cada aluno. Não é possível, portanto, planejar atividades de recuperação idênticas para turmas diferentes, ou ainda aproveitar exercícios de anos anteriores sem levar em conta cada situação específica.

Se, por exemplo, uma parcela grande da turma demonstra (nos exercícios e em atividades avaliativas) dificuldades em determinado tópico, é preciso retomá-lo com todos, preferencialmente usando outra metodologia (já que a forma como o assunto foi explicado não foi suficiente para a aprendizagem). Por outro lado, quando são alguns estudantes que não compreenderam o assunto, as ações devem ser direcionadas a eles. Várias são as possibilidades e citaremos apenas algumas:

- Organizar a turma em grupos mantendo juntos os que têm a mesma dificuldade e enquanto os demais realizam atividades de fixação, retomar o conteúdo com o grupo dos que ainda não entenderam.

- Encaminhar exercícios específicos das dúvidas, com explicações extra e bem detalhadas (por escrito).

- Organizar roteiros de estudo (pode ser em forma de perguntas a serem respondidas, pesquisa etc.).

- Localizar vídeos no YouTube e encaminhar para serem assistidos.

- Manter a atenção focada durante as aulas nas crianças com mais dificuldades, ajudando-as na resolução das atividades, dando-lhes oportunidades de falar e perguntar.

- Organizar duplas de trabalho em que uma criança sirva de monitor para a outra que tem mais dificuldades (o monitor precisa ser orientado a explicar para os colegas e não a resolver a atividade para ele).

Além da recuperação paralela, a Lei de Diretrizes e Bases (Art. 24) determina que os estabelecimentos de ensino implantem períodos de recuperação de estudos para os alunos de menor rendimento. Assim, as escolas reservam alguns períodos do ano para uma "parada" em que realizam, formalmente, estudos de recuperação para os alunos que estão com notas baixas.

Precisamos ter claro, no entanto, que estes momentos são insuficientes dada a quantidade de conteúdos a serem lecionados e o pouco tempo destinado à recuperação. Por isso, duas ações são essenciais:

- Evitar que a criança chegue ao final do bimestre/trimestre com nota baixa, promovendo a recuperação paralela todos os dias, por meio da atenção específica às dúvidas e dificuldades.

- Durante o período de recuperação formal, não querer "ensinar tudo" e sim, priorizar o que realmente é essencial para a continuidade. Também para evitar ensinar o que talvez nem seja a dúvida dos alunos é necessário acompanhar (nas aulas, nos exercícios) o que cada um sabe ou tem dificuldades, de modo a definir o que será trabalhado na recuperação. Uma possibilidade para isso é usar a tabela que acompanhamento que sugerimos anteriormente (ver capítulo 6).

Como nosso sistema de ensino trabalha com a lógica da aprovação/reprovação, a não aprendizagem pode levar, ao final do ano, ao insucesso do estudante, tendo ele que repetir o ano. Por isso, é preciso também prever possibilidades de reavaliação, nas quais o aluno possa demonstrar seus avanços. O próprio Conselho Nacional de Educação afirma em nota específica sobre recuperação (2003, s/p) que notas, conceitos, créditos ou outras formas de registro acadêmico não deverão ter importância acima do seu real significado. Serão apenas registros passíveis de serem revistos segundo critérios adequados, sempre que forem superados por novas medidas de avaliação que revelem progresso em comparação a estágio anterior, por meio de avaliação, a ser sempre feita durante e depois de estudos visando à recuperação de alunos com baixo rendimento.

Precisamos ter clareza de que fizemos tudo para que a reprovação seja evitada, o que não significa favorecer a aprovação sem aprendizagem.

> **Para saber mais:**
> Entrevista com prof. Marcos Meier sobre recuperação:
> https://www.youtube.com/watch?v=gzrda6zbqg0
>
> RECUPERAÇÃO DO APRENDIZADO, vídeo gravado pelo professor Ferraz:
> https://www.youtube.com/watch?v=1ITYxLSLeQM

CAPÍTULO 11
CONSIDERAÇÕES FINAIS

Estamos chegando ao final dessa reflexão sobre a avaliação da aprendizagem e provavelmente, no decorrer da leitura você se perguntou algumas vezes porque parece haver um fosso entre o que defendemos e a realidade escolar.

Realmente há níveis diversos de consciência sobre o papel da avaliação por parte dos professores, além de haver sim, aqueles que a consideram instrumento de seleção, de classificação dos alunos. Mesmo em escolas nas quais há consciência sobre a avaliação num sentido emancipatório, há vários entraves burocráticos para que ela se efetive.

Temos que conviver com sistemas de avaliação predefinidos e registrados oficialmente, aos quais não podemos fugir. Se, por exemplo, o regimento da escola prevê divisão do ano em bimestres, não temos como evitar o fechamento de notas 4 vezes ao ano, indiferente de sabermos que precisaríamos de mais uma ou duas semanas para nossos alunos assimilarem bem determinado conteúdo.

Há dificuldades de encontrar tempo hábil para realizar conselhos de classe realmente preocupados com a aprendizagem, bem como é necessário capacitar parte do corpo docente acerca de seu papel. Do mesmo modo, dado ao número de alunos que temos por turma, nem sempre é possível acompanhar com a qualidade necessária os avanços e dificuldades de cada um deles. Além disso, as escolas lidam com problemas estruturais e falta de recursos, dificultando o ensino e a aprendizagem, além da existência de toda uma burocracia que às vezes limita a avaliação emancipatória.

Mas, ao mesmo tempo, a escola é um espaço de resistência e de criação. Ela é um espaço contraditório, ao mesmo tempo em que reflete a sociedade que a criou, traz o gérmen da mudança. Portanto, há sim o que fazer no sentido de alterar as condições limitantes e rumar a uma avaliação que realmente contribua para a aprendizagem.

É preciso lutar em prol de mudanças que permitam à escola o cumprimento de seu papel social. Como exemplos de mudanças que precisam ocorrer internamente à escola citamos a ampliação da formação docente (inicial e continuada), a necessária melhoria da qualidade dos espaços e materiais, a superação de burocracias que engessam o trabalho docente, dentre outras.

Essas mudanças estão relacionadas a elementos externos à escola, já que esta está subordinada à sociedade que a criou. Assim sendo, há ações que precisam ser tomadas em nível macro, ou seja, na rede de ensino, na administração à qual a escola está subordinada (municipal, estadual ou federal). Buscar tais mudanças implica em movimentos que vêm de dentro da escola, que mexam com as estruturas já sedimentadas, que lembrem à comunidade usuária e aos gestores da educação, qual o papel da avaliação no bojo de uma educação emancipadora.

No entanto, as limitações que a escola e os professores enfrentam para realizar a avaliação de forma que ela contribua para a aprendizagem, não podem servir como justificativa para "manter tudo como está". Há muitas possibilidades de mudança, seja no nível de cada sala ou da escola como um todo e nada a impede, exceto o imobilismo e a passividade de alguns profissionais da educação.

Mesmo sob condições menos favoráveis é possível, por exemplo, melhorar a qualidade dos instrumentos de avaliação, organizar as provas com base em critérios claros de avaliação, planejar e executar o conselho de classe de maneira que seja um espaço de discussão sobre a aprendizagem...

Cada professor, em sua sala, tem a responsabilidade de avaliar da maneira mais qualitativa possível (ante as condições concretas que enfrenta), realizando mudanças que, embora aparentemente pequenas, sejam efetivas e duradouras. É fascinante observar que promover alterações qualitativas na avaliação é um caminho sem volta, por isso, o importante é ter claro o ponto de chegada, e, a partir dessa clareza, dar um passo de cada vez. Mesmo que o início do processo seja somente ouvir, de verdade, as manifestações da turma (suas dúvidas, acertos, dificuldades), ele nos impele a promover cada vez mais melhorias, qualificando os instrumentos de avaliação, analisando os resultados a partir de critérios etc.

Acreditamos que oferecemos no decorrer destas páginas, alguns elementos que lhe permitam compreender melhor os objetivos da avaliação da aprendizagem. Vimos como a avaliação que hoje se pratica nas escolas está relacionada a diversas concepções de educação e que estas têm a ver com o modo como se compreende o papel da escola na sociedade. Isso quer dizer que o modo como avaliamos nossos alunos contribui para formar determinado tipo de pessoa, ou seja, os efeitos da avaliação se estendem para além da ação escolar.

Defendemos que a avaliação deve ter papel diagnóstico e analisar todos os elementos presentes no processo ensino-aprendizagem e não só o aluno. Dito de outro modo, os resultados de aprendizagem são indicativos de várias coisas, não ocorrem apenas por responsabilidade do aluno. A didática do professor, a qualidade do material didático e das estratégias avaliativas, o currículo, dentre vários outros fatores intervêm na qualidade da aprendizagem.

Na sequência, argumentamos sobre a importância de termos critérios claros, pois eles nos permitem realizar a avaliação de maneira mais consciente e adequada aos objetivos que nos propusemos. São os critérios, juntamente com as características do conteúdo, que vão definir, por exemplo, que instrumento ou estratégia de avaliação é a mais adequada em cada situação. Discorremos sobre vários instrumentos e estratégias, demonstrando que a decisão acerca de sua utilização precisa ser consciente e sempre com critérios claros.

Ainda no que se refere aos instrumentos de avaliação, como as provas são muito utilizadas (e reconhecemos seu mérito desde que bem formuladas), apresentamos alguns cuidados que devem ser levados em conta em sua elaboração.

Apresentamos também os elementos legais que direcionam a avaliação da aprendizagem em nosso país, demonstrando como a legislação corrobora a concepção diagnóstica e com objetivo de garantir a aprendizagem. Por isso mesmo, a LDB se refere ao direito do aluno em relação à recuperação da aprendizagem e esboçamos algumas sugestões de como realizá-la. Finalmente, nos referimos ao conselho de classe e seu potencial para contribuir na construção/efetivação da avaliação emancipatória.

Depois desse percurso de estudos, encerramos esta reflexão com a expectativa que, ao percorrer estas páginas você tenha sido levado a refletir sobre a avaliação e se sinta contagiado, instado a contribuir, em sua ação docente, para que ela possa ser cada vez mais qualitativa.

REFERÊNCIAS

ARANHA, Maria L. *História da educação*. 2.ed. revista e atualizada. São Paulo: Moderna,1996.

BRASIL. *Lei de Diretrizes e Bases da Educação Nacional*, LDB. 9394/1996. Disponível em http://www.planalto.gov.br/ccivil_03/leis/l9394.htm. Acesso em 03.06.2022.

BRASIL. Ministério da Educação. *Base Nacional Comum Curricular*. Brasília, 2018. Disponível em http://basenacionalcomum.mec.gov.br/abase/. Acesso em 03.06.2022.

BRASIL. Conselho Nacional de Educação: Câmara de Educação Básica. *Estudos de Recuperação*. 2013. Disponível em http://portal.mec.gov.br/index.php?option=com_docman&view=download&alias=14144-nota-sobre-estudos-recuperacao-cne-pdf&Itemid=30192

BRASIL. Ministério da Educação. *Base Nacional Comum Curricular*. Brasília, 2018. Disponível em http://basenacionalcomum.mec.gov.br/images/BNCC_EI_EF_110518_versaofinal_site.pdf Acesso em 03.06.2022.

FREIRE, Paulo. *Cartas a Cristina*: reflexões sobre minha vida e minha práxis. 2ª ed. São Paulo: UNESP, 2003.

FREIRE, Paulo. *Pedagogia da autonomia*: saberes necessários à prática educativa. 31.ed. São Paulo: Paz e Terra, 2005.

GRAMSCI, A. *Concepção dialética da história*. 2. ed. Rio de Janeiro: Civilização Brasileira, 1978.

GRILLO, Marlene; Gessinger, Rosana; FREITAS, Ana Lúcia [et al.]. *Por que falar ainda em avaliação?* – Porto Alegre: RS. EDIPUCRS, 2010. Disponível em <http://www.pucrs.br/orgaos/edipucrs/. Acesso em 13.07.2022

HAIDT, Regina C. *Curso de didática geral*. São Paulo: Ática, 1995.

HOFFMANN. *Avaliar para promover*: as setas do caminho. Porto alegre: Mediação, 2002.

HUBERMAN, Leo. Tradução de Waltensir Dutra. *História da riqueza do homem*. 21.ed. revista e ampliada. RJ: Guanabara, 1986.

KENSKI, V. *Avaliação da aprendizagem*. In: Veiga, I. A. P. (Coord.). Repensando a didática. Campinas: Papirus, 1988.

KUENZER, Acácia. Trabalho e escola: a aprendizagem flexibilizada. *Rev. do Trib. Reg. Trab.* 10ª Região, Brasília, v. 20, n. 2, 2016 Disponível em https://revista.trt10.jus.br/index.php/revista10/article/view/2 Acesso em 02.08.2022.

LIBÂNEO, José C. *Democratização da escola pública*: a pedagogia crítico social dos conteúdos. 9.ed. São Paulo: Loyola, 1990.

LIBÂNEO, José C. As teorias pedagógicas modernas ressignificadas pelo debate contemporâneo na educação. In: LIBÂNEO, J.C.; SANTOS, A. *Educação na Era do Conhecimento em Rede e Transdisciplinaridade*. São Paulo: ALÍNEA, 2005

LIMA, Valderez; GRILLO, Marlene. Questões sobre avaliação da aprendizagem: a voz dos professores. In: GRILLO, Marlene; Gessinger, Rosana; FREITAS, Ana Lúcia [et al.]. *Por que falar ainda em avaliação?* – Porto Alegre: RS. EDIPUCRS, 2010. Disponível em <http://www.pucrs.br/orgaos/edipucrs/. Acesso em 13.07.2022

LORA, Áuria; SZYMANSKI, Maria Laura. Conselho de classe: avaliação coletiva do trabalho ou julgamento subjetivo do aluno? *I Simpósio Nacional de Educação/ XX Semana da Pedagogia*: novembro de 2008. Unioeste - Cascavel/Pr.

LUCKESI, Cipriano. *Avaliação da aprendizagem escolar*: estudos e proposições. 9. ed. - São Paulo: Cortez, 1999.

LUCKESI, Cipriano. *Avaliação da aprendizagem escolar: em busca de um caminho*. 2014. Disponível em http://luckesi.blogspot.com/search?q=06+-+Avalia%C3%A7%C3%A3o+da+aprendizagem+na+escola+hoje Acesso em 05.05.2022

LUCKESI, Cipriano. *Retomando sinteticamente o ato de avaliar a aprendizagem como uma investigação da qualidade do aprendido.* Publicado em 2020. Disponível em http://luckesi.blogspot.com/2020/08/ Acesso em 07.06.2022.

MORETO, Vasco. *Prova*: um momento privilegiado de estudo, não um acerto de contas. 3 ed. Rio de Janeiro, DP&A, 2002.

PR/ SEED. *Caderno de atividades*: Língua portuguesa. Anos finais do ensino fundamental. 2009. Disponível em http://www.educadores.diaadia.pr.gov.br/arquivos/File/cadernos_pedagogicos/ativ_port2.pdf Acesso em 20.07.2022.

RONCA, Paulo. TERZI, Cleide. *A prova operatória*. 11 ed. São Paulo: Edesplan, 1991.

SANT'ANNA, Ilza Martins. *Por que avaliar?* : como avaliar? : critérios e instrumentos. Petrópolis, RJ: Vozes, 1995.

SAVIANI, Dermeval. *Escola e Democracia:* teorias da educação, curvatura da vara, onze teses sobre educação e política. 23.ed. São Paulo: Cortez, 1991.

SAVIANI, Demerval. *Pedagogia Histórico-Crítica*: primeiras aproximações. Campinas: Editora Autores Associados, 1997.

SAVIANI, D. *História das ideias pedagógicas no Brasil*. Campinas, SP: Autores Associados, 2007.

SCHRAM, Sandra. CARVALHO, Marco A. *O pensar educação em Paulo Freire: para uma pedagogia de mudanças.* Disponível em http://www.diaadiaeducacao.pr.gov.br/portals/pde/arquivos/852-2.pdf. Acesso em 09/06/2022.

Secretaria Municipal de Educação de Curitiba: *Currículo do ensino fundamental, diálogos com a BNCC* (1º ao 9º ano). Disponível em https://mid-educacao.curitiba.pr.gov.br/2021/8/pdf/00306963.pdf Acesso em 25.06.2022

SUHR, Inge. *Teorias do conhecimento pedagógico.* Curitiba: IBPEX, 2011.

VASCONCELLOS, Celso. *A avaliação*: limites e possibilidades. s/d. Disponível em https://silo.tips/download/a-avaliaao-limites-e-possibilidades-3 Acesso em 13.06.2022.

VILLAS BOAS, Benigna. *Virando a Escola do avesso por meio da avaliação*. Campinas: Papirus, 2008.

VIANNA, Heraldo. *Testes em educação*. 4ed. São Paulo: IBRASA, 1982.

ZABALA, Antoni. A Avaliação. In: ZABALA, Antoni. *A Prática educativa*: como ensinar. Porto Alegre: ArtMed, 1998.